고사로 풀이한

채근담

권경열 엮음

(주)교학사

고사로 풀이한

채근담

튼튼한 집은 주춧돌을 잘 놓는 것에서부터 시작한다. 아무리 화려하고 큰 집이라도 기초가 허술한 집은 쉽게 무너질 수밖에 없다.

인생은 집을 짓는 것과 같다고 했다. 인생의 기초는 가치관의 형성에 있다. 얼마나 올바른 가치관을 지녔느냐에 따라 인생의 성패가 결정되는 것이다. 그러한 가치관의 형성은 주로 인생의 황금기라고 할 수 있는 청소년기에 이루어진다.

오늘날의 청소년들은 급격한 기술 혁신의 실질적인 수혜자로서 기성 세대들이 누리지 못했던 풍요를 누리며 살아가고 있다. 그러나 한편으로는 청소년으로서 감당해야 하는 제약이나 중압감이 그 어느 때보다 큰 것이 사실이다. 때로는 서구적인 가치와 전통적인 가치 사이의 괴리에서 비롯된 정서적인 불안정으로 인해 고민하고 방황하기도 한다.

방황하는 청소년들에게 흔히 제시해 주는 몇 가지 동양 고전이 있다. 그러나 그 고전들은 청소년들이 소화하기에는 너무 무거운 내용들이다. 청소년들에게는 막연하고 피상적인 이야기보다 삶의 체험에서 우러나온 진솔한 이야기가 오히려 효과적일 수 있다.

《채근담》은 중국 명(明)나라의 선비 홍자성(洪自誠)이 지었다고 전해지는 책이다. 제목에서도 알 수 있듯이 나물 뿌리라도 달게 먹으며 초

야에서 유유자적하던 저자의 삶의 철학이 담겨 있다. 일종의 수필적인 성격을 띤 책으로 일상 생활 속에서 생길 수 있는 갖가지 경우에 대해 그 지침을 제시해 주고 있으므로 오늘날 청소년들에게 꼭 필요한 책이 아닐까 한다.

원집은 전집(前集) 225장, 후집(後集) 134장으로 되어 있는데, 이번에 엮은 《고사로 풀이한 채근담》은 그 중에서 청소년들에게 도움이 될 만한 100여 편만을 뽑아서 주제별로 재분류한 것이다. 원집의 체제를 변경하는 것은 원저의 의도를 왜곡할 수도 있다는 점에서 부담이 되기도 하였다. 그러나 방대한 양에서 오는 산만함을 피할 수 있다는 점에서 과감하게 시도해 보았다.

막상 출판을 하려고 하니 미흡한 점이 한두 가지가 아니다. 애초에 이런 작업을 할 만한 역량이 없으면서도 애써 사양하지 못한 것이 못내 부끄럽다. 그저 날로 서구화되어 가는 청소년들에게 동양적인 정서를 확인시켜 줌으로써 가치관의 형성과 정서적인 안정에 조금이나마 도움이 되었으면 하고 바랄 따름이다.

많은 분들의 아낌없는 질정이 있기를 감히 기대한다.

2000년 1월
엮은이

차례

일 러 두 기

- 청소년들에게 필요한 내용들을 위주로 원전의 일부만 발췌하였다.

- 원전의 순서에 상관없이 비슷한 주제를 가진 내용들끼리 함께 묶었다.

- 각 편마다 내용에 맞게 임의로 제목을 붙였다.

- 예화는 가급적 한국의 고사를 위주로 하였으며, 부득이한 경우 외국의 고사를 윤색하거나 창작하여 실었다.

- 원문은 직역을 원칙으로 하되, 필요한 경우 원래의 뜻을 손상시키지 않는 범위 내에서 과감하게 의역을 하였다.

- 해설은 필요없는 중복을 피하기 위하여 원문의 뜻이 쉽게 이해되지 않을 우려가 있을 때만 부연 설명하였다.

- 내용 중에 나오는 중요한 인물이나 서책, 용어 등에 대해서는 끝부분에 따로 설명하였다.

- 한자 풀이는 해당 원문에서 쓰인 뜻을 위주로 설명하였다.

다른 사람의 단점은
너그러이 덮어 주어라

단점은 누구에게나 있게 마련이다.

다른 사람이 지닌 단점을

자신도 또한 지니고 있을 수 있다.

자신의 단점을 다른 사람이 지적했을 때의

심정을 한 번쯤 생각해 보라.

단점을 덮어 주는 것은

크게 힘이 드는 일이 아니다.

그러나 상대에게는 평생 잊을 수 없는

큰 은혜가 될 수도 있다.

不責人小過하며 不發人陰私하며 不念人舊惡하라
불 책 인 소 과   불 발 인 음 사   불 념 인 구 악

三者는 可以養德이며 亦可以遠害니라
삼 자   가 이 양 덕   역 가 이 원 해

남의 사소한 잘못을 나무라지 말며, 남의 사생활을 들 추지 말며, 남의 지난날의 잘못을 생각하지 말라. 이 세 가지를 지키면 덕을 기를 수 있으며 또한 해를 멀 리할 수 있느니라.

◎ 글자 풀이

責(꾸짖을 책)   過(허물 과)   發(드러낼 발)   陰(그늘 음)
舊(옛 구)   者(놈 자)   養(기를 양)   遠(멀 원)
害(해로울 해)

◎ 단어 풀이

· 不責(불책) : 나무라지 않음.
· 小過(소과) : 사소한 잘못.
· 不發(불발) : 드러내지 않음.
· 陰私(음사) : 드러나지 않은 개인적인 사정.
· 三者(삼자) : (위의) 세 가지 경우.
· 可以(가이) : ～할 수 있음.
· 養德(양덕) : 덕을 기름.
· 遠害(원해) : 해를 멀리함.

해설

　다른 사람의 조그만 잘못에 대해 너무 심하게 추궁하면 안 된다. 사람들은 누구나 자신의 단점이나 잘못을 잘 보지 못한다. 설령 스스로의 단점이나 잘못을 잘 알고 있더라도 자신의 잘못에 대해서는 한없이 너그러운 것이 사람의 심리이다. 큰 잘못에 대해서는 스스로도 인정하지 않을 수 없지만 작은 잘못을 가지고 꾸짖게 되면 상대는 원망하는 마음을 가지게 된다. 그렇게 되면 해는 자신에게 돌아오게 될 것이다.

옛날 옛적에

　조 선조 중종(中宗) 때의 문신인 정옥형(丁玉亨 1486~1549)이 상진(尙震 1493~1564)과 함께 공무 때문에 영남의 한 고을로 내려갔을 때였다. 그 고을의 수령이 그들을 위하여 술자리를 베풀었는데, 수령이 먼저 취하여 자리에 오줌을 싸고 말았다. 이를 본 정옥형은 상진과 함께 한바탕 크게 웃었다.

　이튿날부터 공무 때문에 수령을 자주 만나게 되었으나 정옥형은 그 일에 대해서는 농담으로라도 언급한 적이 없었다. 일을 마치고 서울로 돌아와서도 끝내 그 일을 말하지 않는 것을 보고, 같이 갔던 상진이 탄복하여 늘 말하였다.

　"다른 사람의 작은 실수에 대해서도 그처럼 함부로 놀리지 않는데, 하물며 큰 잘못이겠는가?"

고사로 풀이한 채근담　**9**

人之短處는 要曲爲彌縫이니
인 지 단 처   요 곡 위 미 봉

如暴而揚之면 是는 以短攻短이요
여 폭 이 양 지 시   이 단 공 단

人有頑的이면 要善爲化誨니
인 유 완 적   요 선 위 화 회

如忿而疾之면 是는 以頑濟頑이니라
여 분 이 질 지 시   이 완 제 완

• 전집 121 •

다른 사람의 단점은 애써 덮어 주어야 하니, 만일 이
를 드러내어 알린다면 이는 단점을 가지고 단점을 공
격하는 것이다.
남에게 완고한 점이 있으면 잘 타일러야 할 것이니,
만일 성내어 미워한다면 이는 완고함을 가지고 완고함
을 바로잡으려는 것이다.

◎ 글자 풀이

短(짧을 단)   處(곳 처)   要(필요할 요)   曲(곡진할 곡)
彌(수선할 미) 縫(꿰맬 봉)   暴(드러낼 폭)   揚(떨칠 양)
是(이 시)   以(써 이)   攻(공격할 공)   頑(완고할 완)
的(과녁 적)   誨(가르칠 회) 忿(성낼 분)   疾(미워할 질)
濟(건널 제)

◎ 단어 풀이

· 短處(단처) : 부족한 부분. 단점.

- 要(요) : 모름지기 ~해야 함.
- 曲爲(곡위) : 곡진히(~을 위해) ~을 함.
- 彌縫(미봉) : 덮어 둠.
- 暴而揚之(폭이양지) : 드러내어 보임.
- 頑的(완적) : 완고한 점.
- 化誨(화회) : 타일러 감화시킴.
- 忿而疾之(분이질지) : 성내어 그를 미워함.
- 濟頑(제완) : 완고한 점을 바로잡아 줌.

해설

　단점은 누구에게나 있게 마련이다. 다른 사람이 지닌 단점을 자기 자신도 마찬가지로 지니고 있을 수도 있다. 그러므로 다른 사람의 단점을 애써 폭로하려 하거나 무시하는 것은 어쩌면 스스로에게 침을 뱉는 것인지도 모를 일이다. 아니, 도리어 그보다 못한 사람이 될 수도 있다. 적어도 그 사람에게는 너그럽지 못한 단점은 없을 테니까.

옛날 옛적에

　옛날 어느 임금이, 신임하던 신하에게 자신의 여동생을 시집보냈다. 그 공주는 매우 교만하였으므로 신하는 곧 그 행동에 질려 가까이 하려고 하지 않았다. 남편의 사랑이 멀어진 것을 알아챈

공주는 차츰 자신의 잘못을 뉘우쳤으나 남편의 멀어진 마음은 돌릴 수가 없었다. 그러던 차에 나라에서는 사면령(赦免令 : 경사스런 일이 있을 때 죄수들의 죄를 용서해 주는 것)이 내렸다. 그 신하가 힘써 건의하여 이루어진 것이었다.

그 날 밤에 공주는 손수 술상을 마련하여 남편의 처소로 갔다. 신하는 여전히 못마땅한 표정으로 돌아앉았다. 공주는 미소를 띠며 말했다.

"나라에 사면령이 내렸다지요."

"그렇소."

"백성들이 모두들 참으로 은혜로운 일이라고 기뻐하고 있습니다. 누가 주장한 것입니까?"

신하는 약간 우쭐한 마음이 생겼다.

"바로 나요."

"그렇군요. 그들 중에는 큰 죄를 지은 사람도 있을 것입니다. 그 사람들이 잘못을 뉘우치고 올바르게 살아갈 수 있다고 믿나요?"

"물론이요."

공주는 잠시 한숨을 쉬었다.

"웬 한숨이오?"

"온 나라 사람들이 다 사면을 받았는데, 저만 홀로 사면을 받지 못했기 때문입니다."

"무슨 말이오?"

"지난날의 교만한 행동을 뉘우치고 있는데도 여전히 저를 냉대하시니……."

듣고 있던 신하가 공주의 손을 잡았다.

"내가 잘못했소. 내가 잘못했소."

그 후로 그들은 다시 이전처럼 정답게 살았다고 한다.

人之過誤는 宜恕로되 而在己則不可恕요
인 지 과 오   의 서   이 재 기 즉 불 가 서

己之困辱은 當忍이로되 而在人則不可忍이니라
기 지 곤 욕   당 인   이 재 인 즉 불 가 인

• 전집 168 •

다른 사람의 잘못은 마땅히 용서해 주어야 하지만 자
신의 잘못은 용서해서는 안 되며,
자신의 곤욕은 마땅히 참아야겠지만 다른 사람의 곤욕
은 참아서는 안 된다.

◎ 글자 풀이

過(지나칠 과)　誤(그르칠 오)　宜(마땅할 의)　恕(용서할 서)
而(어조사 이)　在(있을 재)　己(몸 기)　則(곧 즉)
困(피곤할 곤)　辱(욕될 욕)　當(마땅할 당)　忍(참을 인)

◎ 단어 풀이

• 過誤(과오) : 잘못.
• 宜恕(의서) : 마땅히 용서하여야 함.
• 在己(재기) : 자기에게 있어서는.
• 不可(불가) : ~해서는 안 됨.
• 當忍(당인) : 마땅히 참아야 함.
• 在人(재인) : 다른 사람에게 있어서는.

해설

자신을 바로잡을 수 있는 것은 결국 자신이다. 다른 사람의 백마디 충고도 자신이 스스로 노력하지 않으면 공허한 말일 뿐이다. 다른 사람의 잘못은 너그럽게 감싸 주되 자신에 대해서는 혹독하게 반성해야 한다. 다른 사람이 곤경에 처해 있으면 안타까워하고 힘써 구해 주려고 하되 자신의 곤경은 참고 이겨나가야 한다. 이 모든 것들이 자기 자신을 강하게 만드는 과정이 될 수 있기 때문이다.

옛날 옛적에

조선 초기에 태종(太宗)을 도와 큰 공을 세워 공신이 되었던 아무개가 작은 고을의 말단 관리로 있을 때의 일이다. 그는 여색을 좋아하여 고을 기생들과 음탕한 짓을 많이 하였다. 그 고을 수령은 늘 그것을 못마땅하게 생각했으므로, 마침내 관리들의 성적을 매기면서 가장 낮은 점수를 주려고 하였다. 그러자 상급자인 관찰사 김주(金澍 1512~1563)가 말렸다.

"그의 기상을 보니 오래도록 말단직에서 썩을 사람이 아니다. 그만 덮어 두라."

훗날 왕자의 난 때 김주는 태종의 반대편에 서서 맞섰는데, 태종이 승리하였으므로 잡혀서 죽게 되었다. 김주의 부인이 그를 찾아가 말했다.

"저는 김주의 처입니다. 지난 일을 기억하시는지요."

그 말을 들은 그는 백방으로 손을 써서 화를 면하게 해 주었다.

참고

왕자의 난 : 조선 건국 초기에 태조 이성계(李成桂)의 아들들 사이에서 벌어진 왕위
계승권 다툼. 두 차례의 싸움에서 승리한 다섯째 왕자 방원(芳遠)이 훗
날 왕위에 올랐다.

受人之恩에는 雖深不報나 怨則淺亦報之하며
수 인 지 은   수 심 불 보   원 즉 천 역 보 지

聞人之惡에는 雖隱不疑나 善則顯亦疑之하나니
문 인 지 악   수 은 불 의   선 즉 현 역 의 지

此는 刻之極이요 薄之尤也니 宜切戒之니라
차   각 지 극   박 지 우 야   의 절 계 지

• 전집 194 •

남에게서 받은 은혜는 비록 크더라도 갚지 않으나 원한은 얕더라도 반드시 갚으며, 다른 사람의 악행은 비록 증거가 드러나지 않았어도 믿으나 선행은 드러난 사실이 있어도 의심한다. 이는 각박한 것 중에서도 특히 심한 것이니, 절실히 경계해야 하느니라.

글자 풀이

雖(비록 수)   深(깊을 심)   報(갚을 보)   怨(원망할 원)
淺(얕을 천)   亦(또 역)   聞(들을 문)   隱(숨길 은)
疑(의심할 의) 顯(드러날 현) 此(이 차)   刻(새길 각)
極(다할 극)   薄(엷을 박)   尤(심할 우)   也(어조사 야)
切(자를 절)   戒(경계할 계)

단어 풀이

• 雖隱(수은) : 비록 (사실로) 드러나지 않았더라도.
• 刻之極(각지극) : 각박한 것 중에서 가장 심한 경우.

- 薄之尤(박지우) : 刻之極과 같은 뜻임.
- 也(야) : ~임.
- 切戒之(절계지) : 절실하게 그것에 대해 경계함.

옛날 옛적에

인조 반정(仁祖反正)이 있은 뒤 광해군(光海君)은 제주로 유배되어 있었는데, 연성군(延城君) 이시방(李時昉 1594~1660)이 마침 제주 목사로 부임하였다. 어느 날 광해군이 옆에 있던 궁녀에게 물었다.

"요즘 음식이 전과 달리 정갈하니, 어찌 된 일인가?"

"수령이 새로 부임하면서 그렇게 하도록 분부하였다고 합니다."

광해군은 기뻐하면서 말하였다.

"그 수령은 반드시 내게 크게 은혜를 입은 사람일 것이다."

"아닐 것이옵니다."

"어째서?"

궁녀는 잠시 망설이더니 대답했다.

"나으리께서 벼슬을 주거나 내치실 때에는 늘 총애하는 후궁들의 말만을 따르셨습니다. 만약 이 곳 수령이 그 후궁들을 통해 부정한 방법으로 은혜를 입은 적이 있다면 이렇게 정성을 다할 리가 있겠습니까? 반드시 옛 임금을 박대하여 자신의 행적을 감추려고 했을 것입니다."

광해군은 눈물을 흘리며 고개를 떨구었다.

聞惡이라도 不可就惡니 恐爲讒夫洩怒요
문악   불가취오   공위참부설노

聞善이라도 不可急親이니 恐引奸人進身이니라
문선   불가급친   공인간인진신

• 전집 208 •

어떤 사람이 악하다는 말을 듣더라도 곧 그를 미워해
서는 안 된다. 헐뜯는 사람이 분풀이하는 것일지도 모
르기 때문이다.
어떤 사람이 선하다는 말을 듣더라도 급히 그를 가까
이 해서는 안 된다. 간사한 사람의 출세를 끌어 주는
것일지도 모르기 때문이다.

◎ 글자 풀이

就(즉시 취)   惡(미워할 오)   恐(두려울 공)   讒(헐뜯을 참)

洩(샐 설)   急(급할 급)   親(친할 친)   引(끌 인)

奸(간사할 간)   進(나아갈 진)   身(몸 신)

◎ 단어 풀이

• 聞惡(문악) : (어떤 사람이) 악행을 했다는 소문을 들음.
• 就惡(취오) : 곧바로 미워함.
• 恐爲(공위) : ~이 될까 염려스러움.
• 讒夫(참부) : 남을 헐뜯기를 좋아하는 사람.
• 三者(삼자) : (위의) 세 가지 경우.
• 洩怒(설노) : 분풀이를 함.
• 進身(진신) : 입신. 출세.

옛날 옛적에

어느 높은 벼슬아치의 자제가 결혼을 하게 되었다. 혼례를 치를 날이 며칠 남지 않았는데, 이상한 소문이 돌았다. 신부가 다리를 절룩거린다는 것이었다.

이 소문은 신랑 부모의 귀에도 들어갔다.

그들은 사실을 확인하기 위해 사람을 보내려고 하였다. 그 때 어떤 사람이 찾아와 자기는 신부가 사는 동네의 근처에 사는 사람이라고 하였다.

신랑 부모가 급히 물었다.

"소문이 사실인가?"

"그렇습니다. 제가 잘 압니다."

신랑 부모는 즉시 파혼하기로 하고 아들을 불렀다. 아들은 엄숙한 표정으로 말했다.

"혼인은 인륜지대사인데 어떻게 소문만 듣고 파혼할 수가 있겠습니까. 설령 소문이 사실이더라도 한번 정해진 약속을 쉽게 저버려서는 안 될 것입니다. 이것도 운명일 것이니, 제 생각으로는 그냥 혼례를 치르는 것이 좋을 듯합니다."

아들의 태도가 너무나 진지하였으므로 부모는 마지못해 그대로 혼례를 치르기로 하였다.

혼례날이 되어 사람들은 모두 신부의 걸음걸이를 지켜보았다. 그러나 그녀의 걸음은 멀쩡하여 보통 사람과 다를 것이 없었다.

신부를 사모한 어떤 사내가 혼인을 방해하기 위하여 고의로 그런 소문을 퍼뜨렸던 것이다.

責人者는 原無過於有過之中이면 則情平하고
책 인 자   원 무 과 어 유 과 지 중   즉 정 평

責己者는 求有過於無過之內면 則德進이니라
책 기 자   구 유 과 어 무 과 지 내   즉 덕 진

• 전집 221 •

다른 사람을 꾸짖을 때는 나쁜 점들 중에서 그나마 좋은 점을 찾아내려고 노력한다면 마음이 누그러지게 될 것이다.
자신을 꾸짖을 때는 좋은 점들이 있더라도 나쁜 점이 없는지를 찾으려고 한다면 덕이 진보될 것이다.

◎ 글자풀이

原(찾을 원)   於(어조사 어)   情(뜻 정)   平(평평할 평)
求(찾을 구)   內(안 내)   德(덕 덕)

◎ 단어풀이

• 原(원) : 찾음. 구명함.
• 情平(정평) : 마음이 진정됨.
• 德進(덕진) : 덕이 진보됨.

옛날 옛적에

　　조선조 성종(成宗) 때에 영의정을 지냈던 우봉(牛峯) 이극배(李克培 1422~1495)는 평생 남의 잘못을 말하는 것을 좋아하지 않았다.

　하루는 먼 일가 친척이 찾아와 놀다가 어떤 벼슬아치의 흉을 보았다.

　우봉은 발끈 성을 내면서 말했다.

　"좋지 않은 점도 있겠지만 훌륭한 점도 있을 것이다. 설사 그 사람에게 단점이 있더라도 단점보다는 장점을 찾도록 힘써야 할 것인데, 하물며 단점을 비난한단 말인가?"

　그 일가 친척은 말없이 고개를 숙였다.

분수에 맞지 않는 욕심은
화의 근원이 되느니라

세상에 존재하는 모든 생명체는

욕심이 없을 수 없다.

그리고 그 욕심이

반드시 나쁜 것만은 아니다.

다만 자기 자신의 분수를 벗어난

무리한 욕심이나

남에게 해를 입힐 수 있는 욕심은

오히려 자기 자신을 해치게 될 것이다.

敧器는 以滿覆하며 撲滿은 以空全이니라
기기   이만복   박만   이공전

故로 君子는 寧居無언정 不居有하며
고   군자   영거무   불거유

寧處缺이언정 不處完이니라
영처결   불처완

· 전집 063 ·

기기는 가득 차면 넘어지고 박만은 속이 비어야 온전
할 수 있다. 그러므로 군자는 차라리 무의 경지에서
살지언정 유의 경지에서 살지 않으며 부족한 데 처할
지언정 완전한 데 처하지 않는다.

◉ 글자 풀이

敧(기울어질 기)   器(그릇 기)   滿(가득할 만)   覆(엎어질 복)
撲(칠 박)   空(빌 공)   全(온전할 전)   故(연고 고)
寧(차라리 녕)   居(거할 거)   處(처할 처)   缺(빠질 결)

◉ 단어 풀이

· 敧器(기기) : 물을 조금 채우면 서지 않고 가득 채우면 기
울어져 뒤집어진다고 하는 금속 용기. 고대
의 임금들이 정사를 함에 치우치지 않고 중
용을 지키기 위해 옆에 놓고 경계로 삼았다
고 함.

- 撲滿(박만) : 흙을 빚어 만든 저금통으로, 입구만 있고 출
                구가 없어 가득 차게 되면 깨뜨려서 돈을 꺼
                낸다고 함.
- 故(고) : 그러므로.
- 寧(녕) : 차라리 ~할지언정.

해설

달은 가득 차면 기울게 마련이고 정상에 오르면 내려가는 길도 있는 법이다. 항상 모든 것을 완벽하게 갖추어 놓기 위해 애를 태우지 말고 적당히 여유 있는 삶을 사는 지혜가 필요한 것이다.

옛날 옛적에

강가 언덕 위에 아주 정교하게 지어진 2층 누각이 있었다. 사용된 여러 나무들의 무게를 달아서 균형이 잘 맞게 하였으므로 조금도 어긋남이 없었다.

바람이 불면 조금씩 움직이긴 했지만 쓰러지거나 기우는 법은 없었다.

어느 날 그 고을 수령이 이 누각에 올랐을 때였다. 그 날 따라 강바람이 심하게 불어와 누각이 조금씩 흔들렸다. 수령은 놀라 아전들에게 지시했다.

"이러다간 누각이 쓰러지겠구나. 어서 부목을 덧대어 고정시
키도록 하라."

아전들은 부랴부랴 목재를 구해다가 누각을 지탱하도록 덧대
었다.

고을의 노인들이 애써 말렸지만 수령의 명을 어길 수는 없었
다. 그 후 얼마 못 가서 그 누각은 한쪽으로 쓰러지고 말았다.
사람들은 말했다.

"억지로 손을 대서 균형이 무너졌기 때문이다."

心無物慾이면 即是秋空霽海요
심무물욕   즉시추공제해

坐有琴書면 便成石室丹丘니라
좌유금서   변성석실단구

• 후집 009 •

마음에 물욕이 없으면 바로 가을 하늘이나 개인 날의
바다와 같이 될 것이며,
자리에 거문고와 책이 있으면 그 곳이 곧 신선이 사는
곳이 될 것이다.

글자 풀이

慾(욕심 욕)   即(곧 즉)   是(이 시)   秋(가을 추)

霽(개일 제)   坐(앉을 좌)   琴(비파 금)   便(곧 변)

成(이룰 성)   丹(붉을 단)   丘(언덕 구)

단어 풀이

· 秋空霽海(추공제해) : 티없이 맑은 가을 하늘과 잔잔한
　　　　　　　　　　　바다.
· 石室丹丘(석실단구) : 바위굴 속의 집과 밤낮없이 밝은
　　　　　　　　　　　언덕. 신선이 사는 곳을 가리킴.

옛날 옛적에

아흔아홉 마리나 되는 소를 가진 큰 부자가 있었다. 그는 늘 자기의 소가 백 마리가 차지 못하는 것을 한탄했다. 마침 이웃 마을에 가난한 사람이 송아지를 한 마리 키우고 있었다.

부자는 생각했다.

"아, 그 송아지만 있으면 백 마리를 채우게 될 텐데……."

며칠을 고민하던 그는 마침내 가난한 사람을 찾아가서 애원했다.

"제발 내게 그 송아지를 줄 수 없겠소? 나는 그 송아지만 있으면 백 마리를 채울 수 있을 것입니다."

貪得者는 分金에 恨不得玉하고
탐득자   분금   한부득옥

封公에 怨不受侯하니 權豪自甘乞丐하며
봉공   원불수후   권호자감걸개

知足者는 藜羹도 旨於膏粱하고
지족자   여갱   지어고량

布袍도 煖於狐貉하니 編民不讓王公이니라
포포   난어호학   편민불양왕공

얻기를 탐하는 자는 금을 나누어 주어도 옥을 얻지 못하는 것을 한스러워하고 공작에 봉해져도 제후에 봉해지지 못하는 것을 원망하니, 이는 권세가 있으면서도 스스로 구걸하기를 달게 여기는 것이다.
만족할 줄 아는 자는 명아주국도 기름진 음식보다 맛있어 하고 베옷도 털가죽 옷보다 따뜻하게 여기니, 이는 평민이면서도 왕공을 부러워하지 않는 것이다.

◎ 단어 풀이

* 貪得(탐득) : 얻기를 탐함.
* 分金(분금) : 금을 나누어 줌.
* 封公(봉공) : 공에 봉해 줌. 공은 제후보다 아래 지위.
* 乞丐(걸개) : 구걸함.
* 知足(지족) : 만족할 줄 앎.
* 藜羹(여갱) : 명아주국.

- 於(어) : ～보다.
- 膏粱(고량) : 살진 고기와 기름진 음식.
- 布袍(포포) : 베로 만든 옷. 서민들이 입는 옷.
- 狐狢(호학) : 여우와 담비 갖옷으로 만든 고급 옷.
- 編民(편민) : 호적에 편입된 백성. 평민.
- 不讓(불양) : ～에 양보하지 않음. ～에 뒤지지 않음.

해설

인간의 욕심은 한이 없다. 그것을 얻기만 하면 더 이상 소원이 없겠다고 하고서 원하는 것을 얻고 나면 또 그 이상의 것을 얻기 위해 애를 쓴다. 그러나 자기 분수에 만족할 줄 아는 사람은 평범한 것에서도 행복을 느낄 수 있고 고마워할 줄 안다. 인생을 살아가면서 평생토록 욕심의 노예가 되어 힘들게 살 것인가, 자신이 주인이 되어 편하게 살 것인가는 마음먹기에 달린 것이다.

옛날 옛적에

퇴계(退溪 1501~1570) 이황(李滉)이 서울로 들어와서 묵고 있을 때 좌의정 권철(權轍 1503~1578)이 인사차 찾아왔다. 얼마 뒤 식사 때가 되어 함께 식사를 하였는데 반찬이 없어서 밥을 먹을 수가 없었다. 그러나 퇴계는 맛있게 먹으며 조금도 싫어하는 기색이 없었으므로 권철은 마지못해 먹는 시늉을 할 수밖에 없었다. 그는 나중에 집으로 돌아와 사람들에게 말했다.

"예전에 내 입을 잘못 길들여서 이런 지경에까지 이르렀으니, 부끄러운 일이다."

인 물

이황 : 조선 명종(明宗) 때의 학자·문신. 자는 경호(景浩). 호는 퇴계(退溪)·도옹(陶翁)·퇴도(退陶)·청량산인(淸凉山人). 시호는 문순(文純). 본관은 진보(眞寶). 조선조 성리학의 태두(泰斗)로서 동방의 주자(朱子)라고 불렸다. 교육에도 힘을 쏟아 많은 훌륭한 제자들을 길러 내었다. 저서에 《퇴계집(退溪集)》《성학십도(聖學十圖)》《이학통록(理學通錄)》 등이 있다.

事事에 留個有餘不盡的意思면
사사　　유개유여부진적의사

便造物도 不能忌我하고 鬼神도 不能損我니라
변조물　　불능기아　　　귀신　불능손아

若業必求滿하고 功必求盈者는
약업필구만　　공필구영자

不生內變이면 必召外憂니라
불생내변　　필소외우

• 전집 020 •

매사에 어느 정도 여유 있는 생각을 가진다면 조물주도 나를 시기하지 못할 것이고 귀신도 나를 해치지 못할 것이다.
일마다 반드시 만족하기를 바라고 공로도 가득하기를 바라는 자는 만약 안에서 변이 생기지 않으면 반드시 밖에서 근심이 생길 것이니라.

◎ 글자 풀이

留(남을 류)　　個(낱 개)　　餘(남을 여)　　忌(시기할 기)

鬼(귀신 귀)　　損(덜 손)　　滿(가득할 만)　　盈(가득할 영)

變(변고 변)　　憂(근심할 우)

◎ 단어 풀이

• 造物(조물) : 사물을 만듦. 여기서는 조물주의 준말.

• 求滿(구만) : 가득 차기를 바람.

옛날 옛적에

　김 판서의 부인은 질투심이 지독히도 심했다. 슬하에 돌이 막 지난 아들이 하나 있었는데, 날씨가 좋을 때면 유모가 안고서 뜰을 거닐곤 하였다.

　하루는 김 판서가 뜰을 거닐다가 마침 나와 있는 아들을 발견하고는 곧바로 달려가 한참 동안 얼러댔다.

　부인이 멀리서 이를 보고는 남편이 유모를 좋아하는 것으로 생각하고 사람을 시켜 유모를 죽여 버렸다.

　그러자 아이는 다른 사람의 젖은 먹지 않고 자꾸만 울어대다가 얼마 못 가서 죽어 버렸다.

欲路上事는 毋樂其便하여 而姑爲染指하라
욕 로 상 사　　무 락 기 편　　이 고 위 염 지

一染指면 便深入萬仞이니라
일 염 지　　변 심 입 만 인

理路上事는 毋憚其難하여 而稍爲退步하라
이 로 상 사　　무 탄 기 난　　이 초 위 퇴 보

一退步면 便遠隔千山이니라
일 퇴 보　　변 원 격 천 산

• 전집 040 •

욕정에 관한 일은 그 편한 것을 좋아하여 잠시라도 손
에 무치지 말라. 한번 손에 무치게 되면 곧 만길 나락
으로 떨어지게 되리라.
이치에 맞는 일은 그 어려운 것을 꺼려 조금씩 물러서
지 말라. 한번 물러나면 곧 천겹의 산이 있는 것처럼
멀어질 것이다.

글자 풀이

路(길 로)　　　姑(우선 고)　　染(물들일 염)　　指(손가락 지)
仞(길이 단위 인)　憚(꺼릴 탄)　　稍(점점 초)　　退(물러날 퇴)
步(걸음 보)　　隔(떨어질 격)

단어 풀이

• 欲路上事(욕로상사) : 이욕과 관련된 일.
• 染指(염지) : 손에 무침. 일에 손을 댐.
• 萬仞(만인) : 만길. 엄청난 높이.
• 千山(천산) : 겹겹이 쌓인 산.

사람의 욕심은 한이 없다. 바늘도둑이 소도둑 된다는 속담처럼, 사소한 욕심도 초기에 제어하지 않는다면 점차로 익숙해져서 나중에는 더 큰 욕심을 부리게 될 것이다.

세상을 살면서 양보해야 할 일들이 많겠지만 이치상 옳다고 여겨지는 일은 선뜻 양보해서는 안 된다. 한번 물러서게 되면 그 다음부터는 이치상 옳은 일을 하고자 하더라도 강하게 설득할 수가 없게 되는 것이다.

옛날 옛적에

고려 때 의좋은 형제가 있었다. 어느 날 함께 길을 가다가 아우가 황금 두 덩이를 주웠다. 아우는 형님에게 한 덩이를 나누어 주었다. 강을 건너기 위해 배를 타고 가던 중 아우가 갑자기 그 금덩이를 물에 던져 버렸다. 형이 놀라 물었다.

"아니, 어째서 귀한 황금을 물에 던져 버리는가?"

아우가 부끄러운 기색을 띠며 말했다.

"제가 평소에 형님을 사랑하는 마음이 두터웠는데, 형님에게 금덩이를 나누어 준 뒤로 자꾸만 좋지 않은 생각이 생겨났습니다. 금덩이로 인해 형제간의 우애가 금이 가서는 안 되겠기에 물에 던져 버린 것입니다."

그 말을 듣던 형도

"너의 말이 옳다."

하고는 금덩이를 물에 던져 버렸다.

眼看西晉之荊榛하되 猶矜白刃하며
안 간 서 진 지 형 진　　유 긍 백 인

身屬北邙之狐兔로되 尙惜黃金하나니
신 속 북 망 지 호 토　　상 석 황 금

語에 云하되 猛獸는 易伏이로되 人心은 難降하며
어 운　　맹 수　이 복　　　인 심　난 항

谿壑은 易滿이로되 人心은 難滿이라 하니 信哉로다
계 학　이 만　　　인 심　난 만　　　　신 재

• 후집 065 •

눈으로 멸망한 서진의 폐허를 보고서도 오히려 날카로운 칼날을 자랑하며 몸은 북망산에 묻혀 여우의 밥이 될 처지라도 여전히 황금을 아까워한다.
속담에 이르기를 "맹수는 쉽게 길들일 수 있으나 사람의 마음은 항복시키기 어려우며 계곡은 쉽게 가득 채울 수 있으나 사람의 마음은 가득 채우기 어려우니라." 하였으니, 참으로 옳은 말이다.

글자 풀이

眼(눈 안)　　　看(볼 간)　　　晉(진나라 진)　荊(가시 형)
榛(가시나무 진)　矜(자랑할 긍)　刃(칼날 인)　　屬(붙을 속)
邙(산이름 망)　　狐(여우 호)　　兔(토끼 토)　　惜(아까워할 석)
猛(사나울 맹)　　獸(짐승 수)　　伏(엎드릴 복)　降(항복할 항)
谿(계곡 계)　　　壑(구렁 학)　　易(쉬울 이)

◎ 단어 풀이

- 西晉(서진) : 사마염(司馬炎)이 위(魏)나라를 멸하고 세운 왕조.
- 荊榛(형진) : 가시덤불. 여기서는 서진의 수도인 낙양(洛陽)이 폐허가 된 것을 말함.
- 北邙(북망) : 낙양 북쪽에 있는 산으로, 산소가 많았음.
- 谿壑(계학) : 골짜기. 구덩이.

해설

　도시에서 나고 자란 사람들은 대부분 부나방을 본 적이 없을 것이다.

　지금은 공해에 찌들어 시골에서도 나방을 보기가 쉽지 않지만 이전에는 나방들이 많았다.

　나방들은 불을 좋아한다.

　장작불이든 촛불이든 불이 있는 곳에는 언제나 나방이 날아들었다. 앞서 날아든 나방들이 타서 죽는 것을 보면서도, 자신의 몸이 타들어 가는 것을 느끼면서도 쉴새없이 불 속으로 뛰어든다.

　얼마나 어리석은 행동인가?

　그러나 안타까운 일은 우리 인간들 또한 이들과 다를 게 없다는 사실이다.

친 구 세 사람이 길을 가다가 도중에서 금덩이를 주웠다.

"이제 우리는 부자가 되었네. 기분도 좋은데 술이나 실컷 먹어 보세."

그들 중 한 명이 술을 사러 읍내로 갔다. 남아서 금을 지키던 친구들은 욕심이 생겼다.

"여보게. 우리 둘이서 이 금덩이를 나누어 가지면 훨씬 더 부자가 될 수 있지 않겠나?"

그들은 마침내 술을 사온 친구를 죽여 버렸다.

"자, 이제 이 금덩이는 우리 것이 되었네. 건배하세."

그리고는 잔에다 술을 가득 따라 마셨다.

"으, 으윽……."

그들은 금덩이를 손에 움켜쥔 채 몸을 비틀며 죽어갔다.

술을 사러간 친구가 혼자 금덩이를 차지하기 위하여 술에 독약을 탔던 것이다.

樹木은 至歸根而後에 知華萼枝葉之徒榮하고
수목　　지귀근이후　　지화악지엽지도영

人事는 至蓋棺而後에 知子女玉帛之無益이니라
인사　　지개관이후　　지자녀옥백지무익

• 후집 077 •

수목은 뿌리만 남은 뒤에야 꽃과 잎사귀가 헛된 영화
임을 알게 되고
사람은 죽어서 관 뚜껑을 덮은 뒤에야 자녀와 부귀가
무익함을 알게 되느니라.

◉ 글자 풀이

樹(나무 수)　　歸(돌아갈 귀)　　根(뿌리 근)　　華(꽃 화)

萼(꽃받침 악)　　枝(가지 지)　　葉(잎사귀 엽)　　榮(영화로울 영)

蓋(덮을 개)　　棺(관 관)　　帛(비단 백)　　益(유익할 익)

◉ 단어 풀이

• 歸根(귀근) : 뿌리로 돌아감. 겨울이 되어 줄기와 뿌리만
　　　　　　　이 앙상한 것.
• 華萼(화악) : 꽃과 꽃받침. 즉 꽃을 말함.
• 徒榮(도영) : 헛되이 영화로움.
• 玉帛(옥백) : 주옥과 비단. 부귀를 말함.

바둑의 묘수는 자신이 둘 때보다 남들이 둘 때 더 잘 보이는 법이다. 자신은 이해 관계가 없는 방관자의 입장이기 때문이다.

생명체의 삶은 욕심의 연속이라고 할 수 있다. 그 욕심은 삶의 방관자가 되는 순간인 죽음에 이르러서야 비로소 사라지게 된다.

자신이 평생을 바쳐 이룩한 모든 것들이 한 가지도 자신과 함께할 수 없다는 것을 뒤늦게 깨닫고 후회하게 되는 것이다.

옛날 옛적에

연양부원군(延陽府院君) 이시백(李時白 1592~1660)의 집 뜰에는 금사낙양홍(金絲洛陽紅)이라는 유명한 꽃나무가 있었다. 옛날부터 전해지던 것으로 세상에서는 중국에서 가져다 심은 것이라고도 하였다.

언젠가 이시백이 집에서 쉬고 있는데, 대전(大殿 : 임금이 거처하는 곳을 말함)의 별감이 일꾼들을 데리고 찾아왔다.

이상하게 여겨 그 연유를 물어 보니, 임금의 명을 받고 그 꽃나무를 캐 가려고 왔다는 것이었다.

그는 즉시 꽃나무로 달려가 뿌리까지 뽑아 망가뜨리고서는 눈물을 떨구었다.

"큰일이로구나. 나라의 형세가 위급하여 아침저녁을 기약할 수 없

는데 임금께서 어진 인재를 구하려 하지는 않고 이런 꽃나무에 관
심을 두시다니……."

얼마간 말을 잇지 못하다가 다시 별감을 향해 말하였다.

"내 차마 임금께 아첨하여 나라가 망하는 것을 볼 수는 없다. 가서
나의 이런 뜻을 전하시게."

그 후로는 임금이 그를 더욱더 후하게 대접하였다고 한다.

神酣이면 布被窩中에 得天地沖和之氣하고
신 감   포 피 와 중   득 천 지 충 화 지 기

味足이면 藜羹飯後에 識人生澹泊之眞이니라
미 족   여 갱 반 후   식 인 생 담 박 지 진

• 후집 087 •

흥이 한창일 때는 작은 방에서 베이불을 덮고서도 천
지의 온화한 기운을 얻을 수 있으며,
입맛이 있으면 명아주국으로 식사를 하면서도 인생의
담박한 진리를 알게 되느니라.

글자 풀이

酣(한창 감)   被(이불 피)   窩(굴 와)   沖(화할 충)
味(맛 미)   藜(명아주 려)   羹(국 갱)   飯(밥 반)
識(알 식)   澹(담박할 담)   泊(조촐할 박)

단어 풀이

• 神酣(신감) : 흥이 한창임.
• 布被(포피) : 베로 만든 이불. 서민이 덮는 이불.
• 窩中(와중) : 작은 방 속.
• 味足(미족) : 맛에 만족함.
• 藜羹(여갱) : 명아주국. 서민적인 음식.
• 澹泊(담박) : 담백함.

해설

우리는 흔히들 겉으로 드러난 사실만을 가지고 사람을 평가한다. 아무리 학식이 많은 사람일지라도 남루한 옷을 걸치고 있으면 은연중에 자기보다 못하다고 여기고 무시하기 일쑤다.

그러나 정작 속이 알찬 사람은 어떠한 상황에도 개의치 않고 늘 만족해하고 고마워한다는 것을 안다면 스스로 부끄럽지 않겠는가?

옛날 옛적에

모재(慕齋) 김안국(金安國 1478~1543)이 호당(湖堂)에서 숙직을 할 때였다.

돈재(遯齋) 성세창(成世昌 1481~1548)이 함께 숙직을 하였는데, 돈재의 이불과 베개는 화려하고 사치스러웠으나 모재의 것은 무명 이불에 목침인지라 쓸쓸하기가 말로 할 수 없었다.

이 날 돈재는 이리저리 뒤척이며 밤새도록 잠들지 못하였다.

"아아, 부끄럽도다. 사치가 어느 새 몸에 익숙해져 버렸구나. 내 어찌 학문하는 사람이라고 할 수 있으랴."

그는 다음 날 집으로 돌아와서 즉시 소박한 것으로 바꾸었다.

인물

김안국 : 조선 중종(中宗) 때의 문신. 자는 국경(國卿). 호는 모재(慕齋).
시호는 문경(文敬). 본관은 의성(義城). 김굉필(金宏弼)의 문인으
로 도학(道學)에 통달하였다. 저서에 《모재집(慕齋集)》《모재가
훈(慕齋家訓)》《동몽선습(童蒙先習)》이 있다.

참고

호당 : 독서당(讀書堂)의 다른 이름. 조선조 때 젊은 문신 중에서 재주와 덕이 있는
이를 뽑아 휴가를 주어 여기에서 공부를 하게 하였다.

非分之福과 非故之獲은
비 분 지 복   무 고 지 획

非造物之釣餌면 卽人世之機阱이니
비 조 물 지 조 이   즉 인 세 지 기 정

此處에 著眼不高면 鮮不墮彼術中矣리라
차 처   착 안 불 고   선 불 타 피 술 중 의

• 후집 126 •

분수에 맞지 않는 복과 까닭 없이 얻은 이익은 조물주
의 낚싯밥이 아니면 사람이 만든 함정일 것이니, 이런
경우에 잘 살피지 않으면 저들의 술수에 말려들지 않
는 이가 적을 것이니라.

◎ 글자 풀이

獲(얻을 획)   釣(낚시 조)   餌(미끼 이)   機(기미 기)
阱(함정 정)   眼(눈 안)   鮮(드물 선)   墮(떨어질 타)
術(기술 술)

◎ 단어 풀이

• 非分之福(비분지복) : 분수에 맞지 않는 복.
• 無故之獲(무고지획) : 까닭 없는 이득.
• 機阱(기정) : 함정.

옛날 옛적에

옛날 중국의 진영(陳瓔)이라는 사람은 어릴 때부터 덕행을 닦아 명성이 온 고을에 자자하였다.

진(秦)나라 시황제(始皇帝)가 죽자 큰 난리들이 자주 일어났는데 난리를 일으킨 사람들이 그를 추대하여 왕으로 삼으려고 하였다. 그러자 그의 어머니가 말렸다.

"안 된다. 내가 이 집안에 시집 온 이래로 늘 가난하다가 지금 갑자기 부유하게 되었다. 이는 불길한 것이다. 너를 따르는 군대를 다른 훌륭한 사람에게 양보하여라. 그러면 그 사람이 실패하더라도 화가 너에게까지 미치지는 않을 것이다. 또한 만약 그가 성공하여 천하를 얻게 된다면 그 이익을 조금이나마 나누어 받을 수 있을 것이다."

사람들이 듣고 훌륭한 어머니라고 칭찬하였다.

圖未就之功은 不如保己成之業이요
도 미 취 지 공　　불 여 보 이 성 지 업

悔旣往之失은 不如防將來之非니라
회 기 왕 지 실　　불 여 방 장 래 지 비

• 전집 080 •

아직 완성하지 않은 일을 이루려고 하는 것은 이미 이
루어 놓은 것을 잘 보전하는 것만 못하며,
이미 지난 실수를 후회하는 것은 앞으로 있을지 모를
실수를 예방하는 것만 못하니라.

◉ 글자 풀이

圖(도모할 도)　就(나아갈 취)　保(보호할 보)　悔(뉘우칠 회)
防(막을 방)

◉ 단어 풀이

· 未就之功(미취지공) : 아직 완성하지 않은 일(의 공적).
· 將來之非(장래지비) : 장차 있을지도 모를 실수.

옛날 옛적에

　조선 선조(宣祖) 임금 때의 내시인 이봉정(李鳳廷)은 임금이 글씨를 쓸 때 붓과 벼루를 받드는 일을 맡았는데, 오래 지나자 임금의 필법을 모방하여 글씨체가 서로 닮게 되었다.

　동고(東皐) 이준경(李浚慶 1499~1572)이 전부터 이 사실을 알고 못마땅하게 여겼었는데, 영의정에 오르자 봉정을 불러 엄하게 꾸짖었다.

　"네가 내시로서 감히 어필을 모방하고 있으니, 장차 어떻게 하려는 것이냐? 당장 고치지 않으면 무거운 벌을 받게 될 것이니라."

　봉정이 이 말을 듣고 크게 두려워하여 그 날로 필법을 바꾸어 송설체(松雪體)를 본받아 쓰니, 임금이 듣고 기뻐하였다.

송설체 : 중국 원(元)나라의 명필인 조맹부(趙孟頫)의 글씨체를 말한다. 조선 초기에 크게 유행하였으며 안평대군(安平大君)이 특히 이 서체에 능하였다.

기이한 것을 추구하지 말라
진리는 평범한 데 있느니라

어쩌다 특이한 행동을 하거나 복장을 차린 사람을 만나게 되면
뭔가 엄청난 능력을 지니고 있을 것이라고
지레 생각하는 사람이 의외로 많다.
그러나 과연 그럴까? 스스로의 능력에 자신이 있는 사람은
오히려 그러한 행동이나 복장을 거북해한다.
진리는 먼 곳에 있는 것이 아니다.
일상 생활 중의 평범함 속에도
우리가 아직 발견하지 못한 진리가 얼마든지 담겨 있을 수 있다.
가장 위대한 발명들이 가장 일상적인 것에서
나왔다는 것을 보면 알 수 있지 않은가?

醴肥辛甘은 非眞味요 眞味는 只是淡이니라
예 비 신 감   비 진 미   진 미   지 시 담

神奇卓異는 非至人이요 至人은 只是常이니라
신 기 탁 이   비 지 인   지 인   지 시 상

• 전집 007 •

진한 술과 기름진 고기, 맵고 단 것은 음식의 참맛이
아니다. 참맛은 오직 담담할 뿐이다.
신기하고 탁이한 행동을 하는 사람은 지인이 아니다.
지인은 오직 평범할 따름이다.

글자 풀이

醴(단술 례)   肥(살찔 비)   辛(매울 신)   味(맛 미)
只(다만 지)   是(이 시)   淡(맑을 담)   神(귀신 신)
奇(기이할 기) 卓(높을 탁)   異(다를 이)   常(항상 상)

단어 풀이

• 醴肥(예비) : 진한 술과 기름진 고기. 좋은 음식을 말함.
• 眞味(진미) : 진정한 맛. 참맛.
• 只是(지시) : 다만 ~임. 오직 ~임.
• 至人(지인) : 인격이 훌륭한 사람.

대형 의류 상가에 가 보면 이전에는 구경하기 힘들었던 갖가지 색상의 옷감들이 다양하게 진열되어 있는 것을 볼 수 있다. 그러나 그 많은 옷감들도 결국은 흰 바탕을 색소로 물들인 것들이다.

요즘 도인이라고 자처하는 사람들을 보게 되면 거의 대부분 수염과 머리를 길게 기르고 옛날 삼국 시대에나 입던 복장들을 하고 있다. 그런 모습을 하지 않으면 남들에게 주목을 받지 못해서일까? 물론 그 중에는 진정으로 도가 트인 사람도 있을 것이다. 그러나 대부분의 사람들은 형식적인 굴레를 벗어 버리지 못했기 때문에 그런 것 같다. 진정으로 깨달은 사람이라면 오히려 그런 꾸밈이 거추장스러울 테니까 말이다.

옛날 옛적에

탁영(濯纓) 김일손(金馹孫 1464~1498)은 점필재(佔畢齋) 김종직(金宗直 1431~1492)의 뛰어난 제자이다.

어느 날 품질이 우수한 오동나무를 구했기에 즉시 목수를 불러다가 거문고를 만들었다. 그런데 고대의 전통적인 거문고는 줄이 다섯 줄 내지 일곱 줄인데 반해 그는 당시에 유행하던 여섯 줄로 만들게 했다. 이상하게 여긴 그의 친구가 물었다.

"아니, 자네는 고대의 법도를 엄격히 따르기로 유명한데, 어째서 거문고는 고대의 법도를 따르지 않는가?"

그가 웃으며 말했다.

"지금의 사람은 지금 시대의 옷을 입어야 하는 법이네. 오늘날의 음악이 어디서 나왔겠는가? 바로 고대의 음악에서 나온 것이네.
그 정신을 계승하면 되는 것이지 형식을 굳이 고집할 것이 있겠는
가? 나는 지금 사람이니, 오늘의 법도를 따르겠네."

인 물

김종직 : 조선 성종(成宗) 때의 문신. 자는 계온(季昷). 호는 점필재(佔
畢齋). 시호는 문간(文簡). 본관은 선산(善山). 문장과 경술에
뛰어났으며 그 문하에서 많은 훌륭한 제자들이 배출되었다.
저서에 《점필재집(佔畢齋集)》《청구풍아(靑丘風雅)》가 있다.

김일손 : 조선 성종(成宗) 때의 문신. 자는 계운(季雲). 호는 탁영(濯
纓). 시호는 문민(文愍). 본관은 김해(金海). 김종직(金宗直)의
수제자로서 조선 전기 산문의 일인자로 꼽힌다. 저서에 《탁영
집(濯纓集)》《속두류록(續頭流錄)》이 있다.

文章이 做到極處하면 無有他奇라 只是恰好요
문장　주도극처　　무유타기　지시흡호

人品이 做到極處하면 無有他異라 只是本然이니라
인품　주도극처　　무유타이　지시본연

• 전집 102 •

문장이 극치에 이르면 유달리 기이한 수식이 없고 그
저 알맞을 뿐이요, 인품이 지극한 경지에 다다르면 별
다르게 이상한 행위를 하지 않고 그저 타고난 본성을
벗어나지 않을 뿐이다.

○ 글자 풀이

做(지을 주)　　到(이를 도)　　極(지극할 극)　　處(곳 처)

奇(기이할 기)　恰(흡사할 흡)　異(다를 이)

○ 단어 풀이

• 做到(주도) : (~한 상태까지) 해 냄. 도달함.
• 恰好(흡호) : 꼭 알맞는 것. 적당함.
• 本然(본연) : 본래 그대로의 모습.

옛날 옛적에

노 서예가가 있었다. 그의 글씨는 기교가 뛰어나 보는 사람들이 황홀해할 정도였다. 늘그막에 이르도록 글씨 쓰는 일을 게을리 하지 않았는데, 어느 날 갑자기 그는 더 이상 붓을 잡지 않았다. 그리고는 환갑이 넘은 큰아들을 불렀다. 그도 서예계에서는 실력을 인정받는 중견 서예가였다.

　"이제까지 모아 둔 내 글씨들을 다 내오너라."

　큰아들은 어리둥절했지만 명을 어길 수 없어 모아 둔 글씨들을 꺼내어 마루에 쌓았다. 노서예가는 그 중에서 최근에 쓴 몇 점만을 따로 떼어 놓았다.

　"나머지는 당장 불사르도록 해라."

　"네?"

　큰아들은 너무나 놀라 자신의 귀를 의심할 정도였다. 그의 글씨는 몇 대만 지나면 문화재로 인정을 받을 수 있을 정도로 대단한 것이었기 때문이었다.

"어서 불사르지 않고 뭘 하는 게냐?"

큰아들은 한사코 만류하며 사유를 물었다.

"이제까지의 내 글씨들은 진정한 글씨가 아니었느니라. 오직 기교에만 의존하였기 때문에 화려하기는 하지만 내면적인 깊이는 느낄 수 없었던 것이지. 최근에야 나는 진정한 글씨가 어떤 것인지를 깨달을 수 있었다."

그러면서 그는 옆에다 따로 내어 놓았던 글씨를 내보였다. 그 글씨를 본 큰아들은 기절할 듯이 놀랐다. 그 글씨는 어린아이가 쓴 것처럼 보였기 때문이었다. 놀라는 큰아들을 빙그레 웃으며 바라보다가 잠시 후 입을 열었다.

"너는 아직도 이해하지 못하겠느냐? 어린이의 마음은 티없이 맑고 순수하다. 그들의 가식 없는 마음은 어떻게 보면 어설퍼 보일 수도 있다. 그러나 실은 세상에서 가장 소중하고 아름다운 것이다. 글씨도 마찬가지이다. 바로 어린아이의 마음 같은 순수함을 회복했을 때 그 글씨는 비로소 완성된 것이라고 할 수 있을 것이다."

아들은 그제야 아버지의 뜻을 이해하겠다는 듯이 고개를 끄덕였다.

驚奇喜異者는 無遠大之識이요
경 기 희 이 자　　무 원 대 지 식

苦節獨行者는 非恒久之操니라
고 절 독 행 자　　비 항 구 지 조

• 전집 118 •

기이한 것을 좋아하고 탄복하는 자는 원대한 식견이
없고
어려움 속에서 홀로 절개를 지키는 것은 항구한 지조
가 아니니라.

○ 글자 풀이

驚(놀랄 경)　　奇(기이할 기)　　喜(기쁠 희)　　異(다를 이)
識(알 식)　　　苦(괴로울 고)　　節(절개 절)　　獨(홀로 독)
行(행할 행)　　恒(항상 항)　　　久(오랠 구)　　操(지조 조)

○ 단어 풀이

• 驚奇(경기) : 기이한 것을 보고 탄복함.
• 喜異(희이) : 특이한 것을 보고 기뻐함.
• 苦節(고절) : 어려움 속에서 절개를 지킴.
• 獨行(독행) : 세상 사람과 달리 홀로 소신대로 살아감.
• 恒久(항구) : 영원함.

해설

　진리는 언제나 일상적이고 평범한 데에서 발견되는 법이다. 기본적인 것을 무시한 채 특이한 것만을 찾는다면 이는 모래 위의 성처럼 쉽게 허물어질 것이다.

　홀로 세상을 등지고 어렵게 절개를 지키는 것은 고귀한 것이지만 이것을 늘 고집해서는 안 된다.

　인간인 이상 적절한 선에서 현실을 인정할 줄도 알아야 하는 것이다.

　진정으로 깨친 사람은 결코 어떤 일정한 틀로 스스로를 얽어매지 않는 법이다.

옛날 옛적에

인도의 옛 이야기이다.

　어떤 사람이 인도의 북쪽 지방에서 남쪽 지방으로 옮겨가 살게 되었다.

　그는 그 곳의 여자를 만나 결혼을 하게 되었다.

　첫날밤이 지나고 다음 날 아침 식사 때가 되었다. 신부는 신랑을 위해 여러 가지 음식을 정성스레 준비했다.

　그런데 신랑은 신부가 식탁에 앉기도 전에 갑자기 음식을 마구 먹어대기 시작했다.

　어안이 벙벙해진 신부가 물었다.

　"아니, 왜 그리 서둘러서 먹는 것입니까?"

"말할 수 없소."

신랑은 이렇게 대답하고는 이내 입을 다물었다. 신부는 궁금해서 견딜 수가 없었다.

한참 동안을 졸라대자 신랑이 마지못해 대답했다.

"우리 조부 때부터 내려오는 집안의 가풍이오."

신부는 어이가 없다는 듯이 한참을 바라보더니, 웃음을 참지 못하고 밖으로 나와 버렸다.

能脫俗하면 便是奇니
능 탈 속　　변 시 기

作意尙奇者는 不爲奇而爲異하고
작 의 상 기 자　　불 위 기 이 위 이

不合汚하면 便是淸이니
불 합 오　　변 시 청

絶俗求淸者는 不爲淸而爲激이니라
절 속 구 청 자　　불 위 청 이 위 격

· 전집 169 ·

세속의 때를 벗어 버릴 수 있으면 곧 기이한 것이니,
억지로 기이함을 숭상하는 것은 기이한 것이 못 되고
이상한 것이 된다.
더러움에 물들지 않으면 곧 깨끗한 것이니, 굳이 속세
를 떠나 깨끗하기를 구하는 것은 깨끗한 것이 못 되고
과격한 것이 된다.

◑ 글자 풀이

能(능할 능)　　脫(벗어날 탈)　俗(인간 세상 속)　便(곧 변)
是(이 시)　　　奇(기이할 기)　作(지을 작)　　　尙(숭상할 상)
汚(더러울 오)　淸(맑을 청)　　絶(끊을 절)　　　求(구할 구)
激(과격할 격)

◎ 단어 풀이

- 脫俗(탈속) : 세속적인 기풍에서 벗어나는 것.
- 作意(작의) : 일부러. 의도적으로.
- 尙奇(상기) : 기이한 것을 높이 침.
- 不合汚(불합오) : 혼탁한 풍조에 휩쓸리지 않는 것.
- 絶俗(절속) : 속세를 떠남. 속세와의 인연을 끊음.
- 求淸(구청) : 맑게 살고자 함.

해설

　속세를 벗어나 유유자적하며 살아가는 것은 동서고금의 선현들이 누구나 꿈꾸던 이상적인 삶이다.

　그러나 대부분의 보통 사람들은 쉽게 현실 세계를 벗어나지 못한다.

　사회 속에서 성장해 온 인간의 속성상 속세의 모든 것을 훌훌 털어 버린다는 것은 참으로 어려운 일이기 때문이다.

　더러운 현실에 영합하지 않는 것은 참으로 깨끗한 삶이라고 할 것이다.

　그러나 만약 굳이 더러움을 피하기 위해 속세를 벗어나 따로 떨어져 살고자 한다면 이는 깨끗한 것이 아니라 과격한 것이며, 현실에서 도피하는 것이다.

　연꽃은 진흙 속에 있으면서도 그 청정함을 잃지 않기 때문에 더욱 고귀한 것이다.

경허(鏡虛 1849~1912) 스님은 우리 나라 근세 불교사의 한 획을 긋는 위대한 선승(禪僧)이다.

어느 추운 겨울날이었다. 갑자기 경허 스님이 불교의 중요한 경전을 찢어 문구멍을 메우고 벽에 도배를 하는 것이었다. 제자들이 깜짝 놀라 만류하면서 물었다.

"아니, 스님. 경전은 부처님의 말씀이 들어 있는 보물인데 어째서 이런 일을 하십니까?"

그러자 경허 스님은 말리는 제자들을 돌아보며 핀잔을 주듯 말했다.

"부처가 얼어죽게 생겼는데 경전이 다 무어람."

할 말을 잊은 제자들을 향해 다시 말했다.

"부처가 따로 있느냐. 깨달은 자가 곧 부처이지."

有浮雲富貴之風이라도 而不必巖棲穴處하고
유 부 운 부 귀 지 풍　　　이 불 필 암 서 혈 처

無膏肓泉石之癖이라도 而常自醉酒耽詩니라
무 고 황 천 석 지 벽　　　이 상 자 취 주 탐 시

• 후집 017 •

부귀를 뜬구름처럼 여기는 기풍을 지녔더라도 굳이 바
위 동굴 같은 데서 거처할 필요는 없으며,
자연을 병적으로 좋아하는 마음은 없더라도 늘 스스로
술에 취하고 시를 즐기는 여유는 있어야 한다.

◎ 글자 풀이

浮(뜰 부)	巖(바위 암)	棲(깃들 서)	穴(구멍 혈)
膏(명치 끝 고)	肓(명치 끝 황)	泉(샘 천)	癖(버릇 벽)
常(항상 상)	醉(취할 취)	酒(술 주)	耽(즐길 탐)

◎ 단어 풀이

· 浮雲(부운) : 뜬구름.
· 巖棲(암서) : 바위굴에 깃들어 삶.
· 穴處(혈처) : (바위)굴에서 삶.
· 膏肓(고황) : 명치 끝 부분. 고칠 수 없는 버릇이나 병을
　　　　　　　　가리킴.
· 泉石(천석) : 자연.

옛날 옛적에

부잣집 외동아들로 태어나 젊을 때부터 놀기를 좋아하던 사람이 늦게서야 공부를 하겠다고 결심하였다.

그는 건너 마을에 훌륭한 선생이 있다는 것을 알고 곧바로 찾아가 인사를 드렸다.

그 선생은 비록 초가집에서 남루한 옷을 입고 있었지만 얼굴에는 범상치 않은 기품이 있어 보였다.

그는 집으로 돌아오면서 생각했다.

"아아, 부끄럽다. 그 동안 얼마나 사치스럽고 교만했던가? 이제부터는 검소하고 겸손하게 살아야지."

집에 돌아온 그는 부인을 불렀다.

"이제 옷장 속의 옷들은 모두 버리고 헌 옷을 구해 주오. 나는 앞
으로 검소하게 살 생각이오."

부인이 만류했으나 굳이 헌 옷을 구해 오라고 고집했다. 그러자
부인이 화를 내며 말했다.

"별나기는. 처음부터 헌 옷이 어디 있을까? 입다 보면 헌 옷이 되
는 것이지."

서둘러 이루려고 애쓰지 말라
일찍 핀 꽃은 일찍 지느니라

수양버들 그늘이 아무리 시원하다고 하더라도

한겨울에 버들잎이 돋기를 바라서는 안 된다.

우연히 잎이 돋아난다고 하여도

얼마 못 가서 추위를 견디지 못하고 죽어 버릴 것이다.

모든 것은 제 때가 있다.

어린이는 어린이다운 행동을 해야 자연스러운 것이다.

남보다 빨리 성취한다고 해서

그 사람의 인생이 길어지는 것은 아니다.

桃李雖艶이나 何如松蒼栢翠之堅貞이며
도 리 수 염   하 여 송 창 백 취 지 견 정

梨杏雖甘이나 何如橙黃橘綠之馨冽리요
이 행 수 감   하 여 등 황 귤 록 지 형 례

信乎라 濃夭는 不及淡久하며 早秀는 不如晚成也로다
신 호   농 요   불 급 담 구   조 수   불 여 만 성 야

• 전집 224 •

복숭아꽃과 오얏꽃이 아무리 아름답더라도 어떻게 푸
른 소나무와 잣나무가 굳세고 곧은 것만 하겠으며,
배와 살구가 아무리 달더라도 어떻게 노란 유자와 푸
른 귤의 맑은 향기만 하겠는가?
참으로 알겠노라. 아름다우면서 일찍 시드는 것은 담
담하면서 오래 가는 것만 못하며 일찍 빼어난 것은 늦
게 성취하는 것만 못하다는 것을.

○ 글자 풀이

桃(복숭아 도)   雖(비록 수)   艶(고울 염)   松(소나무 송)
蒼(푸를 창)   栢(잣나무 백)   翠(푸를 취)   堅(굳을 견)
貞(곧을 정)   梨(배 리)   杏(살구 행)   甘(달 감)
橙(유자나무 등)   橘(귤나무 귤)   綠(푸를 록)   馨(향기로울 형)
冽(맑을 례)   濃(짙을 농)   夭(짧을 요)   淡(맑을 담)
早(일찍 조)   秀(빼어날 수)   晚(저물 만)

단어 풀이

- 橙黃(등황) : 유자나무가 노란빛을 띰.
- 馨冽(형례) : 향기롭고 맑음.
- 信乎(신호) : 참으로 ~을 믿을 만함.
- 濃夭(농요) : 색이나 향기가 짙으면서도 일찍 시듦.
- 淡久(담구) : 색이나 향기가 담담하면서도 오래 감.
- 早秀(조수) : 일찍 아름답게 됨.
- 晩成(만성) : 늦게 이루어짐.

해설

화려한 것은 일시적인 자극만을 줄 수 있을 뿐이어서 오래 접하게 되면 쉽게 질려 버린다.

평범한 것은 그 맛이 당장 드러나지는 않지만 오래 음미할수록 은은한 맛이 있어 질리지 않는다.

옛날 옛적에

한음(漢陰) 이덕형(李德馨 1561~1613)은 백사(白沙) 이항복(李恒福 1556~1618)과의 우정으로 널리 알려진 인물이다.

그는 나이 겨우 31세에 예조 참판(禮曹參判)과 대제학(大提學)에 임명되었는데, 인망과 실적이 높아 아무도 이의를 제기하지 못할 정도였다고 한다.

　언젠가 조정에서 대제학을 추천할 적에 후보들 중에서 그만이 유독 점수를 한 점 적게 받았다. 참석했던 사람들이 모두 놀라며

　"도대체 어찌 된 일인가?"

하니, 김귀영(金貴榮 1520~1594)이 웃으며 나섰다.

　"내가 그렇게 했다오."

　사람들이 더욱 놀라 웅성거리자, 김귀영이 천천히 말했다.

　"나이는 젊은데 승진이 너무 빠르니, 재주와 덕이 더 성숙해지기를 기다리는 것이 나을 듯하여 그런 것이외다."

　한음이 듣고 크게 기뻐하니, 선비들이 둘 다 훌륭하다고 하였다.

인 물

이항복 : 조선 선조(宣祖) 때의 문신. 자는 자상(子常). 호는 백사(白沙). 시호는 문충(文忠). 본관은 경주(慶州). 문장에 능했으며 임진왜란(壬辰倭亂)을 전후하여 정승으로서 국난 극복에 공이 있었다. 저서에 《백사집(白沙集)》 《북천일록(北遷日錄)》 《사례훈몽(四禮訓蒙)》이 있다.

伏久者는 飛必高하고 開先者는 謝獨早하나니
복 구 자   비 필 고   개 선 자   사 독 조

知此면 可以免蹭蹬之憂하고 可以消躁急之念이니라
지 차   가 이 면 층 등 지 우   가 이 소 조 급 지 념

• 후집 076 •

오래 움츠린 새는 반드시 높이 날고 먼저 핀 꽃은 홀
로 먼저 지나니, 이런 이치를 안다면 실수하여 낭패를
당할 우려가 없고 조급한 생각이 사라지게 될 것이다.

○ 글자 풀이

伏(엎드릴 복)   飛(날 비)   開(열 개)   謝(사양할 사)
獨(홀로 독)   早(일찍 조)   知(알 지)   免(면할 면)
蹭(비틀거릴 층)   蹬(비틀거릴 등)   憂(근심할 우)   消(해소할 소)
躁(성급할 조)   急(급할 급)   念(생각 념)

○ 단어 풀이

• 伏久(복구) : 오래도록 움츠리고 있으면서 때를 기다림.
• 開先(개선) : ~보다 먼저 피어남.
• 謝(사) : (꽃이) 시듦.
• 蹭蹬(층등) : 잘못하여 추락함. 힘을 잃고 곤경에 빠짐.
• 躁急(조급) : 성질이 급함.

옛날 옛적에

옛날 중국의 한 시골에 성질이 매우 급한 농부가 있었다. 그는 모심기를 한 지 며칠 지나지 않아 벌써 조바심을 내기 시작했다.

"나 참, 모를 심은 지가 언젠데 아직도 저 정도밖에 안 자랐담."

밥맛을 잃고 근심하던 그는 문득 한 가지 계책을 떠올렸다.

"옳지. 그러면 되겠구나. 내가 잡아당겨 주면 더 빨리 자라게 될 거야."

그는 만면에 웃음을 띤 채 논으로 달려갔다. 그리고는 모를 하나하나 위로 잡아당겼다.

"도와 준 보람이 있군. 그 사이에 훨씬 많이 자랐는걸."

그는 집으로 돌아와 흐뭇한 표정으로 아들에게 말했다.

"아아, 오늘 모가 자라는 것을 도왔더니 몹시도 피곤하구나."

이상하게 여긴 아들이 서둘러 논에 나가 보고는 기절할 듯이 놀랐다.

뿌리를 내리지 못한 모들이 모두 죽어 있었기 때문이다.

세상의 모든 일은
내 마음먹기에 달렸느니

사람이 살아가면서 겪게 되는 어려움은
특별한 경우를 제외하고는 서로 비슷하다.
어쩌면 나 자신의 어려움은 다른 사람에 비하면 작은 것일 수도 있다.
혹시나 자기 자신만이 어려움을 겪고 있다고 비관하고 있지는 않은가?
사람의 일생을 좌우하는 것은 타고난 운명이나 외모가 아니다.
바로 얼마나 긍정적이고 적극적인 사고를 가지고
현실을 헤쳐 나가느냐에 달려 있는 것이다.
눈 덮인 에베레스트 산은 인간이 오를 수 없는 곳으로 여겨졌지만
결국 도전적이고 긍정적인 산악인들에 의해
정복되지 않았는가?

欲其中者는 波沸寒潭하여 山林에 不見其寂하고
욕 기 중 자   파 비 한 담   산 림   불 견 기 적

虛其中者는 涼生酷暑하여 朝市에 不知其喧이니라
허 기 중 자   양 생 혹 서   조 시   부 지 기 훤

• 후집 052 •

마음 속에 욕심이 있는 자는 찬 못에서 물이 끓는 듯
하여 산 속에 살더라도 그 고요함을 느끼지 못하고
마음 속에 욕심이 없는 자는 심한 더위에도 서늘한 바
람이 부는 듯하여 시장에 있더라도 시끄러운 줄을 알
지 못하느니라.

● 글자 풀이

波(물결 파)   沸(끓을 비)   寒(찰 한)   潭(못 담)
寂(고요할 적)   涼(서늘할 량)   酷(심할 혹)   暑(더울 서)
朝(아침 조)   喧(시끄러울 훤)

● 단어 풀이

· 朝市(조시) : 시장바닥. 저자거리.

독서실을 이용하는 학생들이 많다. 독서실은 조용한 데다 다른 학생들과 경쟁이 되는 반면에 집에는 정신이 분산될 소지가 많다는 이유에서다. 그러나 이런 외부적인 환경들은 부차적인 문제일 뿐, 실제로는 그 마음이 얼마나 안정이 되느냐가 중요한 것이다. 시장에 있는 단칸방에서 어머니 일을 도와 가며 공부한 학생이 전교 수석을 차지하는 예도 얼마든지 있기 때문이다.

옛날 옛적에

정 아무개가 안동 부사(安東府使)로 있을 때였다. 그는 성품이 엄정하여 매사에 원칙을 고집하였다.

어느 날 그의 친구가 수령으로 있는 영천(永川)을 방문하였는데, 관청 기생의 이름 중에 '화(花)' 자가 들어간 여인이 많았다.

정 아무개가 그 글자를 다른 자로 바꾸게 하라고 하니, 친구가 이유를 물었다.

"사람이 혹하기 쉬운 것으로 미색보다 더한 것은 없으므로, 그 이름을 미워하여 바꾸라고 하는 것일세."

친구가 듣고 말했다.

"내 마음에 줏대가 있으면 서시(西施) 같은 미인이라도 어찌 할 수 없을 것인데, 공은 어찌 그 이름자를 가지고 염려하시는가? 공의 정치가 근본을 중시하지 않고 형식적인 것을 중시한다는 것을 이를 보고 알겠노라."

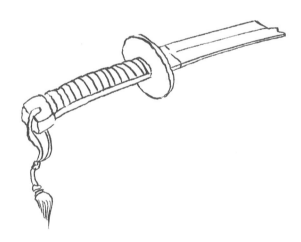

此心常看得圓滿이면　天下에　自無缺陷之世界요
차 심 상 간 득 원 만　　　천 하　　자 무 결 함 지 세 계

此心常放得寬平이면　天下에　自無險側之人情이니라
차 심 상 방 득 관 평　　　천 하　　자 무 험 측 지 인 정

• 전집 097 •

내 마음이 늘 원만하다면 천하가 저절로 불만이 없는
세상이 될 것이고
내 마음이 늘 느긋하다면 천하에 저절로 험악한 인정
이 없어질 것이다.

◎ 글자 풀이

看(볼 간)　　　圓(둥글 원)　　滿(찰 만)　　　缺(빠질 결)
陷(빠질 함)　　放(풀 방)　　　寬(너그러울 관)　險(험할 험)
側(곁 측)

◎ 단어 풀이

· 看得(간득) : 봄. 得은 어조사.
· 放得(방득) : 풀어 놓음.
· 寬平(관평) : 느긋하고 평온함.
· 自無(자무) : 절로 ~이 없어짐.
· 險側(험측) : 험하고 흉측함.

옛날 옛적에

　옛날 중국에 기해(祁奚)라는 사람이 있었다. 그는 중군장(中軍將)으로 있었는데, 어느 날 늙었다는 이유로 은퇴하기를 청하였다.

　임금이 물었다.

　"누구를 그 자리에 대신 앉히면 좋겠소."

　"해호(解狐)가 적임자입니다."

　해호는 그와 원수지간이었다. 그를 임명하려고 했는데 곧 죽어 버렸으므로 임금이 다시 물었다.

　"누가 좋겠소?"

　"오(午)가 좋겠습니다."

　오는 자신의 아들이었다.

이 때에 또 양설직(羊舌職)이 죽었다. 임금이 누구를 대신하는 것이 좋을지를 물었다.

"적(赤)이 좋겠습니다."

적은 죽은 양설직의 아들이었다.

사람들은 기해가 사람을 잘 천거하였다고 칭찬하였다.

원수나 자식일지라도 능력이 뛰어나면 구애받지 않고 천거하였기 때문이다.

人生福境禍區는 皆念想造成이니라
인생복경화구   개염상조성

故釋氏云호되
고 석 씨 운

利欲熾然이면 卽是火坑이요
이 욕 치 연   즉 시 화 갱

貪愛沈溺하면 便爲苦海나
탐 애 침 닉   변 위 고 해

一念淸淨하면 烈焰成池하고
일 념 청 정   열 염 성 지

一念警覺하면 船登彼岸이라 하니
일 념 경 각   선 등 피 안

念頭稍異면 境界頓殊니 可不愼哉아
염 두 초 이 경 계 돈 수 가 불 신 재

• 후집 108 •

인생에 있어서 복과 화는 모두 머릿속의 생각이 만들어 내는 것이다.
그러므로 부처는 말하기를, "이욕에 대한 마음이 걷잡을 수 없게 되면 그게 바로 지옥의 불구덩이요, 탐욕에 깊이 빠져들게 되면 그것이 곧 고통의 바다이다. 그러나 마음이 맑고 깨끗하면 뜨거운 불길도 못을 이루고 마음이 깨어 있으면 배가 피안의 세계에 오르리라." 하였다.

생각이 약간만 차이가 나도 결과는 크게 달라지니, 삼가지 않을 수 있겠는가?

◎ 글자 풀이

境(경계 경)　　區(구역 구)　　釋(풀 석)　　熾(치열할 치)
坑(구덩이 갱)　　貪(탐할 탐)　　沈(빠질 침)　　溺(빠질 닉)
苦(괴로울 고)　　淨(맑을 정)　　烈(매울 렬)　　焰(불꽃 염)
池(못 지)　　　　警(경계할 경)　覺(깨달을 각)　船(배 선)
登(오를 등)　　　岸(언덕 안)　　頭(머리 두)　　稍(조금 초)
頓(갑자기 돈)　　殊(다를 수)　　愼(삼갈 신)

◎ 단어 풀이

- 釋氏(석씨) : 석가모니 부처를 가리킴.
- 熾然(치연) : 불길처럼 성하게 일어나는 모양.
- 卽是(즉시) : 곧 ~임.
- 火坑(화갱) : 지옥의 불구덩이.
- 沈溺(침닉) : ~에 깊이 빠져듦.
- 便爲(변위) : 바로 ~임.
- 苦海(고해) : 고통의 바다. 인생을 비유한 말.
- 烈焰(열염) : 뜨거운 불꽃.
- 彼岸(피안) : 일체의 번뇌를 벗어난 해탈의 경지.
- 稍異(초이) : 약간 차이가 남.
- 頓殊(돈수) : 크게 달라짐.
- 可不~哉(가불~재) : ~하지 않을 수 있겠는가?

옛날 옛적에

경상도 영해부(寧海府)에 읍령(泣嶺)이라는 고개가 있었는데, 인근 고을 사람들이 마중하고 전송하는 장소로 많이 이용했었다.

그런데 이 고개에는 임금의 명을 받고 파견된 조정의 관원이 처음 지나게 되면 흉한 일이 일어난다는 전설이 있어서 관원들이 모두 이 곳을 피해서 다녔다.

그러던 차에 손순효(孫舜孝 1427~1497)가 감사가 되어 이 곳을 지나게 되었다.

아전들이 또 그 전설을 이야기하면서 다른 곳으로 돌아가기를 청했다.

그러자 그는

"그게 다 무슨 말이냐? 화복은 사람이 마음먹기에 달린 것을."

하고는 곧바로 고개를 넘어 버렸다. 물론 돌아올 때까지 그에게는 아무런 일도 일어나지 않았다.

그 후에 사람들은 그 고개의 이름을 '괴상한 일을 깨뜨린 고개' 라는 뜻으로 '파괴현(破怪峴)'으로 고쳐 불렀다.

信人者는 人未必盡誠이나 己則獨誠矣요
신인자　인미필진성　기즉독성의

疑人者는 人未必皆詐나 己則先詐矣니라
의인자　인미필개사　기즉선사의

• 전집 162 •

남을 믿는 것은 남들이 모두 꼭 성실한 것은 아니지만
자기는 성실하기 때문이요,
남을 의심하는 것은 남들이 모두 꼭 속이는 것은 아니
지만 자기는 남을 속이기 때문이다.

◎ 글자 풀이

誠(성실할 성)　　獨(홀로 독)　　疑(의심할 의)　　詐(속일 사)

◎ 단어 풀이

• 信人(신인) : 남을 믿음.
• 未必(미필) : 반드시 ~한 것은 아님.
• 盡誠(진성) : 모두 다 성실함.

옛날 옛적에

여느 때처럼 새벽 일찍 일어난 나무꾼은 나무를 하러 가기 위해 연장을 챙겼다.

"응? 도끼가 어디 갔지?"

집안 주위를 이리저리 둘러보며 찾았으나 아무 데서도 찾을 수 없었다.

그는 이웃에 사는 다른 나무꾼을 의심했다. 마침 집을 나서다가 이웃집 나무꾼과 마주쳤다.

그는 평소와는 달리 말이 없었다. 자기를 보고 슬금슬금 피하는 것 같았다.

"옳지. 저 녀석이 내 도끼를 훔친 게 틀림없어."

　그는 우선 다른 도끼를 챙겨서 산에 올랐다. 얼마 뒤 산기슭에 이
르렀을 때였다.
　"아니, 이건 내 도끼 아닌가?"
　자신의 도끼가 길 숲에 떨어져 있었다. 어제 나무를 하고 돌아오
면서 떨어뜨린 것이었다.
　그는 신이 나서 땔감을 마련한 뒤 집으로 돌아왔다. 동네 어귀에
서 다시 이웃에 사는 나무꾼과 마주쳤다. 그런데 이번에는 그의 행
동이 전혀 이상해 보이지 않았다.

歲月은 本長이나 而忙者自促하고
세월 　본장 　　이 망 자 자 촉

天地는 本寬이나 而鄙者自隘하며
천지 　본관 　　이 비 자 자 애

風花雪月은 本閑이나 而勞攘者自冗이니라
풍화설월 　본한 　　이 노 양 자 자 용

· 후집 004 ·

세월은 본래 긴 것인데 바쁜 사람들은 짧다고 하고 천
지는 본래 넓은데도 비색한 사람들은 좁다고 한다. 바
람이나 꽃, 눈이나 달은 본래 한가로운 것인데 번뇌가
있는 자들은 번잡하다고 한다.

◎ 글자 풀이

歲(해 세) 　　忙(바쁠 망) 　　促(재촉할 촉) 　　寬(너그러울 관)
鄙(비루할 비) 　隘(좁을 애) 　　雪(눈 설) 　　　閒(한가할 한)
勞(힘쓸 로) 　　攘(어지러울 양) 冗(쓸데없을 용)

◎ 단어 풀이

· 勞攘(노양) : 마음의 번뇌가 있음.

옛날 옛적에

대학 입시가 있는 날이었다. 김 군도 떨리는 가슴을 안고 시험을 보러 들어갔다.

"시험이 끝날 때까지 자리에서 이탈하면 안 됩니다."

시험 감독관이 주의 사항을 일러 주고 시험이 시작되었다.

1교시 시험에는 김 군이 가장 어려워하는 과목이 들어 있었다.

"아이, 왜 이렇게 시간이 빨리 가는 거지?"

김 군은 연신 시계를 들여다보며 답안을 쓰기 위해 끙끙거렸다.

이윽고 1교시가 끝나고 2교시 시험 때가 되었다.

"음, 이번 문제는 너무 쉬운데."

자신 있는 과목이었으므로 문제를 다 풀고도 시간이 많이 남아 있었다.

"아이, 지루해. 시간이 너무 느린데."

시험이 끝나고 집으로 돌아오는데 폭설로 인해 버스가 제자리걸음을 하고 있었다.

지루하게 기다리던 김 군은 창밖을 내다보다가 문득 시험 볼 때의 일을 떠올리고는 빙그레 웃었다.

"그렇구나. 시간이 빠르고 느린 것은 내 마음에 달린 것이구나. 시험 시간은 똑같았는데."

心曠이면 則萬鍾도 如瓦缶하고
심광　　즉만종　　여와부

心隘면 則一髮도 似車輪이니라
심애　　즉일발　　사거륜

마음이 트인 사람은 만종의 봉록도 질그릇처럼 하찮게
여기고
마음이 좁으면 한 가닥의 머리털도 수레바퀴처럼 크게
여기느니라.

◎ 글자 풀이

曠(넓을 광)　　鍾(되이름 종)　　瓦(기와 와)　　缶(양병 부)

隘(좁을 애)　　髮(터럭 발)　　似(같을 사)　　輪(수레바퀴 륜)

◎ 단어 풀이

• 萬鍾(만종) : 많은 녹봉.
• 瓦缶(와부) : 질그릇. 서민들이 쓰는 그릇.

옛날 옛적에

　신라 때 경주의 남산 아래에는 백결 선생(百結先生)이라고 불리는 사람이 살았다. 집이 가난하여 옷을 수없이 기워 입었으므로 사람들이 그렇게 불렀다.

　어느 해인가 섣달 그믐날이 되어 이웃 사람들이 모두 떡방아를 찧었다. 그 아내가 다가와 한숨을 쉬며 말했다.

　"옆집에서는 설을 맞아 떡을 하는데 우리는 어떻게 설을 맞아야 하나요."

　백결 선생이 한동안 말없이 있더니, 곧 거문고로 방아 찧는 소리를 내어 위로하였다.

　"무릇 사람이 죽고 사는 것과 부귀하고 빈천한 것은 하늘이 마련한 분수에 달려 있는 것이라서 사람이 어찌할 수 있는 것이 아니라오. 그러니 너무 상심하지 마시오."

興逐時來하야 芳草中에 撤履閒行이면
흥축시래　　방초중　철리한행

野鳥도 忘機時作伴이요
야조　망기시작반

景與心會하야 落花下에 披襟兀坐면
경여심회　　낙화하　피금올좌

白雲이 無語漫相留로다
백운　무어만상류

• 후집 107 •

흥이 때때로 일어나서 향기로운 풀밭을 맨발로 한가로이 거니노라면, 새들도 경계심을 풀고 때로 친구가 되어 준다.
경치가 마음에 들어 지는 꽃 아래에서 옷깃을 풀어헤치고 멍하니 앉아 있노라면, 구름도 말없이 한가로이 머무른다.

◎ 글자 풀이

興(흥취 흥)	逐(쫓을 축)	芳(꽃다울 방)	撤(걷을 철)
履(신발 리)	閒(한가할 한)	野(들 야)	鳥(새 조)
忘(잊을 망)	機(틀 기)	伴(짝 반)	會(모일 회)
落(떨어질 락)	披(풀어헤칠 피)	襟(옷깃 금)	兀(우뚝할 올)
漫(흩어질 만)	留(머무를 류)		

○ 단어 풀이

- 逐時(축시) : 수시로. 때때로.
- 閒行(한행) : 한가로이 거닒.
- 忘機(망기) : 경계하는 마음을 풀어 버림.
- 與心會(여심회) : 마음에 맞음.
- 披襟(피금) : 옷깃을 풀어헤침.
- 兀坐(올좌) : 우두커니 앉아 있음.
- 相留(상류) : 곁에 머무름.

해설

　처음부터 악하고 미운 대상은 없다. 모두가 내 마음에 달려 있는 것이다.

　인간은 인간 이외의 동물들과 말을 주고받을 수 없다. 그러나 마음은 주고받을 수 있다. 서로의 마음이 어떤 기운으로 형성되어 전해지기 때문이다.

　그들을 해치고자 하는 마음이 있으면 그들은 내 곁으로 오지 않는다.

　그들을 불쌍히 여기는 마음이 있으면 그들은 내게 와서 의지한다. 사람도 마찬가지이다.

　천 마디의 겉치레보다도 한 조각의 진실한 마음이 더 많은 감동을 줄 수 있다.

자연에서 살겠다던 약속
어긴 지 이미 오래
티끌 쌓인 속세에서
20년을 보냈어라.

저 흰 갈매기 나를
비웃기나 하려는 듯
끼룩끼룩 울어대며
누대 앞을 날으네.

久負江湖約　紅塵二十年　白鷗如欲笑　故故近樓前

　고려 말의 문신인 유숙(柳淑 ?~1368)의 '벽란도(碧瀾渡)'라는 시
다.

　반평생을 벼슬길에서 보낸 그다. 곧 강호로 돌아와 자연을 벗삼아
지내고자 했었는데, 아직까지도 그 뜻을 이루지 못하고 있다.

　오랜만에 한가로이 누대에 올라 유유히 흐르는 강물을 바라보지
만 마음은 무겁기만 하다.

　내 앞을 날고 있는 저 갈매기는 나와 아무런 인연이 없는데도 어
째서 나를 비웃는건지. 그러나 그것은 나의 생각일 뿐.

　이 순간 내 마음에 자책감이 없다면 저 또한 좋은 벗이 되었으련
만.

天運之寒暑는 易避로되 人世之炎凉은 難除하고
천 운 지 한 서   이 피   인 세 지 염 량   난 제

人世之炎凉은 易除로되 吾心之冰炭은 難去하니
인 세 지 염 량   이 제   오 심 지 빙 탄   난 거

去得此中之冰炭이면 則滿腔이 皆和氣하여
거 득 차 중 지 빙 탄   즉 만 강   개 화 기

自隨地에 有春風矣리라
자 수 지   유 춘 풍 의

• 후집 132 •

천지의 운행에 따른 추위와 더위는 쉽게 피할 수 있지
만 인간 세상의 따뜻함과 냉혹함은 제거하기 어렵고,
인간 세상의 따뜻함과 냉혹함은 쉽게 제거할 수 있지
만 내 마음 속의 얼음과 숯은 제거하기 어렵다.
내 마음 속의 얼음과 숯을 제거할 수 있으면 마음 속
이 온통 화기로 가득하여 이르는 곳마다 절로 봄바람
이 불어 올 것이다.

◎ 글자 풀이

運(운행할 운)   寒(찰 한)   暑(더울 서)   避(피할 피)
炎(불꽃 염)   凉(서늘할 량)   除(제거할 제)   冰(얼음 빙)
炭(숯 탄)   腔(빈속 강)   隨(따를 수)

* 天運(천운) : 천지의 운행.
* 炎涼(염량) : 쉽게 변하는 세상의 인심.
* 冰炭(빙탄) : 얼음과 숯. 여기서는 갈등·고뇌를 뜻함. 얼음과 숯은 성질이 서로 달라 함께 할 수 없는 데서 비롯됨.
* 滿腔(만강) : 가슴 속에 가득함.
* 隨地(수지) : 가는 곳마다. 어떤 경우에도.

해설

인간은 사회적인 동물이다. 때문에 인간의 삶은 교제의 연속이다. 온 천하 만물과 끊임없이 무언가를 주고받는다. 그만큼 정신은 분산될 수밖에 없고 그 상태가 지나치면 몸을 망치게 되기도 한다.

하나 더 얻기 위해 애쓰는 것이 결국은 무거운 짐을 하나 더 지는 것임을 안다면, 하나 더 얻었다고 기뻐할 것이 없는 것이다.

옛날 옛적에

한 스님이 있었다. 그는 오랫동안 불교 종단의 간부를 맡으면서 종단의 운영을 좌지우지하는 실력자로 통했다. 그러나 그를 반대하는 사람들은 그를 가리켜 성직자가 아니라 건달 두목이라고 비난하였다.

그는 어떤 사건에 연루되어 물러나게 되었는데, 그 후로 그는 사람들의 기억에서 잊혀져 갔다.

몇 년이 지난 뒤에 우연히 시골의 한 암자에 들렀던 신도가 그를 발견하였다.

"아니, 여기에 계셨군요."

신도는 지난날 스님의 행적을 회상하면서 물었다.

"스님, 그래 지금의 심정이 어떻습니까? 이제 지난 일도 거의 잊혀졌으니, 다시 한 번 종단의 일을 보실 의향은 없으신지요."

스님은 빙그레 웃으며 대답했다.

"글쎄요. 이젠 그런 일에 관심이 없어요. 사실 그 당시에도 그 일을 하기 싫었지만 주변에 있던 사람들이 가만히 내버려 두지 않았지요. 이제 저는 마음을 비웠습니다."

무슨 말인가 더 건네려고 하는 신도를 뒤로 한 채 마당을 내려서던 스님은 들릴 듯 말 듯한 소리로 중얼거렸다.

"한 번 마음을 비우고 나니 이렇게 마음이 편안한 것을……."

한 마디 말을 조심하면
화를 멀리할 수 있느니라

말 한 마디에 천냥 빚을 갚는다는 속담이 있다.

역사 속의 큰 전쟁들도

말 때문에 일어난 것이 많았다.

말은 눈에 보이지도 않고 남아 있지도 않는다.

그러나 그렇다고 하여 함부로 쉽게 말할 것이 아니라

그 말로 인해 생길 수 있는 결과를

신중히 생각하여야 한다.

마주보는 산이 있으면 반드시 메아리가 있는 것처럼

상대가 있는 말은 반드시 자기에게로

돌아오게 마련이기 때문이다.

口乃心之門이니 守口不密하면 洩盡眞機하며
구 내 심 지 문　　수 구 불 밀　　설 진 진 기

意乃心之足이니 防意不嚴하면 走盡邪蹊니라
의 내 심 지 족　　방 의 불 엄　　주 진 사 혜

• 전집 220 •

입은 바로 마음의 문이니, 입을 지키는 것을 빈틈없이
하지 않으면 진기가 누설될 것이요
뜻은 바로 마음의 발이니, 뜻을 단속하기를 엄격히 하
지 않으면 그릇된 길로 달려갈 것이다.

글자 풀이

密(꼼꼼할 밀)　　洩(누설될 설)　　盡(다할 진)　　機(기틀 기)

防(막을 방)　　嚴(엄할 엄)　　邪(간사할 사)　　蹊(지름길 혜)

단어 풀이

• 守口(수구) : 입을 지킴. 말을 신중히 함을 말함.
• 眞機(진기) : 깊고 오묘한 이치. 중요한 기밀.
• 邪蹊(사혜) : 그릇된 길.

마음은 말을 통해 전달되며, 뜻을 통해 실행에 옮겨진다. 그러므로 마음이 현실화되어 구체적으로 나타나는 경로인 입과 뜻을 항상 신중히 단속하지 않으면 안 된다.

뜻을 그대로 놓아 두면 이욕의 유혹을 받아 그릇된 길로 가기 쉬우며 입을 제대로 단속하지 않으면 말을 함부로 하여 화가 미치게 될 것이다.

옛날 옛적에

약포(藥圃) 정탁(鄭琢 1526~1605)은 한미한 집안에서 나서 정승까지 지낸 선조(宣祖) 임금 때의 명재상이다. 임진왜란 때에는 서애(西厓) 유성룡(柳成龍 1542~1607)과 함께 이순신(李舜臣 1545~1598), 곽재우(郭再祐 1552~1617) 등을 추천하여 나라를 위기에서 건져 내기도 하였다.

그러한 약포도 젊었을 때는 말이 빠르고 성격이 급했다. 그는 퇴계(退溪) 이황(李滉 1501~1570)의 제자이기도 하지만 남명(南冥) 조식(曺植 1501~1572)에게서도 수학하였다.

남명의 문하를 떠나올 때가 되어 하직 인사를 하는데, 남명이 갑자기 소를 한 마리 내어 주면서 끌고 가라고 하는 것이었다. 약포가 어리둥절하여 말없이 스승의 얼굴을 바라보자, 남명이 웃으며 말하였다.

"날랜 말은 넘어지기 쉬운 법일세. 자네의 언어와 의기가 너무 민첩하고 날카로우니, 소의 더디고 둔한 점을 본받으라는 뜻으로 주는 것이네."

훗날 그 당시의 일이 떠오를 때마다 그는 주위의 사람들에게 말하였다.

"내가 수십 년 동안 큰 잘못이 없이 지낼 수 있었던 것은 모두 그 날의 가르침 덕택이다."

인물

조식 : 조선 명종(明宗) 때의 학자. 자는 건중(楗仲). 호는 남명(南冥). 시호는 문정(文貞). 본관은 창녕(昌寧). 성리학에 통달하고 덕행이 있었다. 이황(李滉)과 더불어 당세의 사표(師表)가 되었다. 저서에 《남명집(南冥集)》《남명학기유편(南冥學記類編)》《파한잡기(破閑雜記)》가 있다.

十語九中이라도 未必稱奇나
십 어 구 중　　미 필 칭 기

一語不中이면 則愆尤騈集하고
일 어 부 중　　즉 건 우 병 집

十謀九成이라도 未必歸功이나
십 모 구 성　　미 필 귀 공

一謀不成이면 則訾議叢興하나니
일 모 불 성　　즉 자 의 총 흥

君子는 所以寧默이언정 毋躁요 寧拙이언정 毋巧니라
군 자　 소 이 영 묵　　무 조　 영 졸　　무 교

• 전집 071 •

열 마디 말 중에 아홉 마디가 맞더라도 기이하다고 칭
찬하지는 않으나 한 마디라도 맞지 않으면 탓하는 소리
가 사방에서 모여든다.
열 가지 계책 중에 아홉 가지가 성공하더라도 공을 그
사람에게 돌리지는 않으나 한 가지 계책이라도 성공하
지 못하면 헐뜯는 소리가 사방에서 일어난다.
그러므로 군자는 차라리 입을 다물고 있을지언정 떠들
어대지는 않으며 서툴지언정 재주 있는 체하지 않는다.

◎ 글자 풀이

稱(일컬을 칭)　奇(기이할 기)　　愆(허물 건)　　尤(허물 우)
騈(나란히 할 병)　集(모을 집)　　謀(꾀할 모)　　歸(돌아갈 귀)
訾(헐뜯을 자)　議(의논할 의)　　叢(모일 총)　　寧(차라리 녕)
默(침묵할 묵)　躁(떠들 조)　　拙(서툴 졸)

- 稱奇(칭기) : 기이함을 칭찬함.
- 愆尤(건우) : 허물하고 탓함.
- 騈集(병집) : 사방에서 모여듦.
- 歸功(귀공) : 공을 돌림.
- 訾議(자의) : 헐뜯는 의론.
- 叢興(총흥) : 무성하게 일어남.
- 毋躁(무조) : 시끄럽게 떠들어대지 않음.

해설

　굳이 나서지 않아도 될 일인데도 무턱대고 나서기를 좋아하는 사람이 있다. 그런 사람은 일이 잘 되었을 때는 문제가 없겠지만 잘못되었을 때는 비난을 면하기 어렵다. 좋은 면을 찾아내어 칭찬하기보다는 좋지 않은 면을 끄집어 내어 탓하기를 좋아하는 것이 세상 인심이기 때문이다.

　다른 사람들이 자신의 능력을 인정하여 일을 맡기지 않는 한 스스로 앞장서서 설쳐서는 안 되는 것이다.

옛날 옛적에

　조정에서 높은 품계에 있던 유척기(俞拓基 1691~1767)가 양주 목사(楊州牧使)가 되었다.

양주 고을은 총융청(摠戎廳)의 관할 아래에 있었으므로 총융사에게 부임 인사를 가게 되었는데, 자신보다 품계가 낮았던 조문명(趙文命 1680~1732)이 그 곳의 총융사로 있었다.

인사를 마치고 나오는데 조문명이 웃으며 말했다.

"옛날에는 제가 대감께 이런 인사를 드렸는데, 오늘은 대감이 제게 이런 예를 표하시는군요. 세상일이란 참으로 알 수 없다더니 정말 그런 것 같습니다."

유척기는 돌아오면서 혀를 찼다.

"저런 말을 하다니, 아깝구나. 영의정은 못 되겠는걸."

훗날 과연 조문명은 좌의정까지는 이르렀으나 영의정에는 오르지 못했다.

참고

총융청 : 조선조 때 수도권의 방어를 맡은 군영(軍營).

有一念而犯鬼神之禁하며 一言而傷天地之和하며
유 일 념 이 범 귀 신 지 금   일 언 이 상 천 지 지 화

一事而釀子孫之禍하나니 最宜切戒니라
일 사 이 양 자 손 지 화   최 의 절 계

• 전집 152 •

한 가지 생각으로도 귀신의 금기를 범하며, 한 마디 말로도 천지의 조화를 손상시키며, 한 가지 일로도 자손의 화를 빚어 낼 수 있으니, 마땅히 가장 절실하게 경계해야 하는 것이다.

◎ 글자 풀이

念(생각할 념)　　犯(범할 범)　　鬼(귀신 귀)　　神(귀신 신)
禁(금할 금)　　傷(상할 상)　　釀(빚을 양)　　孫(손자 손)
禍(재앙 화)　　最(가장 최)　　宜(마땅할 의)　　切(끊을 절)
戒(경계할 계)

◎ 단어 풀이

· 切戒(절계) : 절실하게 경계함. 깊이 경계함.

옛날 옛적에

나라일에 지친 심신을 달래기 위해 사냥하기를 즐겼던 임금이 있었다.

어느 날 사냥을 마치고 궁궐로 돌아오면서 사냥터를 관리하는 산지기에게 말했다.

"다음 달 보름날 낮에 다시 오겠다. 준비를 해 두어라."

약속한 보름날이 되었는데, 마침 경사스러운 일이 있어 아침부터 술자리가 벌어졌다.

임금과 신하가 한자리에 모여 술과 가무로 흥을 더하고 있을 때였다.

갑자기 하늘에 먹구름이 끼더니 비가 내리기 시작하여, 점심때가 가까워지도록 그칠 줄 몰랐다.

참석한 신하들에게 술잔을 권하던 임금이 잠시 무슨 생각을 하더니, 천천히 자리에서 일어나 밖으로 나가려고 하였다. 자리에 참석한 신하들은 영문을 모른 채 서로를 쳐다보다가, 마침내 한 신하가 임금에게 물었다.

"흥이 한창 무르익어 가는데 어디를 가려고 하십니까?"

"오늘 낮에 사냥을 하기로 산지기와 약속을 했소. 가 보아야지요."

"비가 저렇게 내리고 있습니다. 아랫사람을 보내시지요."

신하들이 한사코 만류했으나 임금은 듣지 않았다.

"내가 그와 약속을 했으니, 내가 직접 가야 하지 않겠소."

임금은 기어코 몸소 산지기에게 가서 사냥을 다음으로 미루고 돌아왔다.

이 일이 있은 뒤로부터 그 나라는 점차로 강성해졌다.

人生이 減省一分하면 便超脫一分하나니
인생　감생일분　　변초탈일분

如交遊減하면 便免紛擾하며
여 교 유 감　　변 면 분 요

言語減하면 便寡愆尤하며
언 어 감　　변 과 건 우

思慮減하면 則精神不耗하며
사 려 감　　즉 정 신 불 모

聰明減하면 則混沌可完이니
총 명 감　　즉 혼 돈 가 완

彼不求日減而求日增者는 眞桎梏此生哉로다
피 불 구 일 감 이 구 일 증 자　　진 질 곡 차 생 재

· 후집 131 ·

사람의 인생사는 일분을 줄이면 곧 일분을 초탈할 수
있다. 이를테면 교유가 줄면 번잡한 것을 면할 수 있
고 말이 줄면 허물이 적어지며, 생각이 줄면 정신이
소모되지 않으며 총명이 줄면 본성을 온전하게 할 수
있을 것이니, 날로 줄어들기를 구하지 않고 날로 늘어
나기를 구하는 것은 참으로 인생을 구속하는 것이로
다.

◎ 글자 풀이

減(덜 감)　　　省(덜 생)　　　超(넘을 초)　　　脫(벗을 탈)
紛(어지러울 분) 擾(어지러울 요) 寡(적을 과)　　愆(허물 건)

慮(생각 려)　　精(정밀할 정)　　耗(소비할 모)　　聰(귀밝을 총)

混(섞일 혼)　　沌(어두울 돈)　　增(더할 증)　　桎(속박할 질)

梏(쇠고랑 곡)

◎ 단어 풀이

- 減省(감생) : 줄임.
- 一分(일분) : 작은 단위.
- 紛擾(분요) : 시끄럽고 번잡스러움.
- 愆尤(건우) : 허물. 잘못.
- 混沌(혼돈) : 천지가 구분되기 이전의 상태. 본성.
- 桎梏(질곡) : 속박함. 구속함.

해설

　　장거리 여행을 할 때 소형 자동차에 다섯 명이 타고 가는 것보다는 네 명이 타고 가는 것이 훨씬 편안하다. 물론 다섯 명이 모두 같이 타고 가게 되면 차비도 절약되고 같이 한 번에 이동할 수 있다는 장점이 있지만 다섯 명이 모두 불편하게 가야 한다는 단점도 있다.

　　인생도 마찬가지이다. 능력이 있어서 모든 것을 다 잘할 수 있다면 좋겠지만 그렇게 하지 못할 바에는 몇 가지 일은 깨끗이 포기하는 것이 좋다.

　　인생은 스스로 즐기면서 살아야 하지 이끌려 다녀서는 안 되는 것이다.

귀정(龜亭) 남재(南在 1351~1419)는 술을 좋아하였으나 말을 삼가 하였으므로 조그만 실수도 한 적이 없었다.

그는 늘 손님과 바둑 두기를 좋아하여 온종일 바둑을 두더라도 싫증을 내지 않았다.

어떤 손님이 의아하게 여겨 그 까닭을 물었다.

"공께서는 어째서 바둑 두기를 그리도 즐기십니까?"

공이 웃으며 대답하였다.

"어찌 바둑이 좋다는 이유뿐이겠는가? 무릇 살아 있는 사람은 기운이 있어서 반드시 말을 하게 된다. 말을 하게 되면 조정의 정사에 대해서도 언급을 하게 될 것이다. 이렇게 종일토록 바둑을 두고 있으면 피해야 할 말을 하지 않을 수 있으니, 좋지 않은가?"

사람들이 듣고 그의 조심성에 탄복하였다.

쓰다고 해서 약을 버리지 말며
달다고 해서 독을 마시지 말라

흔히들 괴로운 일은 자신에게 손해가 되는 일이고
즐거운 일은 도움이 되는 일이라고 여긴다.
그러나 괴롭더라도 자신에게 도움이 되는 일이 있고
즐겁더라도 자신에게 손해가 되는 일이 있다.
자기의 얼굴에 붙어 있는 티끌을 자기 스스로가 알기는 어렵다.
만약 거울을 들여다볼 기회가 있으면
바로 그 티끌을 제거할 수 있겠지만
그렇지 않으면 평생 남의 비웃음을 면할 수 없을 것이다.
다른 사람의 진심어린 충고는
바로 잘 닦인 거울과 같은 것이다.

耳中에 常聞逆耳之言하고　心中에 常有拂心之事면
이 중　상 문 역 이 지 언　심 중　상 유 불 심 지 사

纔是進德修行的砥石이니
재 시 진 덕 수 행 적 지 석

若言言悅耳하고　事事快心이면
약 언 언 열 이　사 사 쾌 심

便把此生하여　埋在鴆毒中矣니라
변 파 차 생　매 재 짐 독 중 의

• 전집 005 •

귀에 늘 거슬리는 말이 들리고 마음에 늘 불쾌한 일이
있으면 이것이야말로 덕을 진보시키고 행실을 닦는 숫
돌이 될 것이다.
만약 말마다 귀를 즐겁게 하고 일마다 마음을 기쁘게
하면 이는 곧 이 인생을 짐새의 독 속에 묻어 버리는
것이니라.

글자 풀이

逆(거스를 역)　拂(거스를 불)　纔(겨우 재)　進(나아갈 진)
德(덕 덕)　修(닦을 수)　砥(숫돌 지)　悅(기쁠 열)
快(쾌할 쾌)　把(잡을 파)　埋(묻을 매)　鴆(짐새 짐)
毒(독 독)

단어 풀이

- 逆耳之言(역이지언) : 귀에 거슬리는 말.
- 拂心之事(불심지사) : 마음에 맞지 않는 일.
- 纔是(재시) : 바로 ~임.
- 砥石(지석) : 숫돌.
- 悅耳(열이) : 귀를 즐겁게 함. 듣기에 좋음.
- 快心(쾌심) : 마음에 맞음. 마음을 만족하게 함.
- 把(파) : ~을 가지고.
- 鴆(짐) : 짐새. 맹렬한 독을 지닌 새로 그 그림자만 스쳐 가도 사람이 죽는다고 함.

해설

칭찬을 듣는 것이 나쁜 것은 아니다. 칭찬에 익숙해지게 되면 자기도 모르게 자신을 닦는 데 소홀해지기 쉽고 교만해지기 쉽기 때문에 경계하는 것이다.

충고는 그 사람의 단점을 지적해 주는 것이기 때문에 듣는 입장에서는 기분이 나쁠 수도 있다.

그러나 보다 멋진 자신을 만들고자 한다면 충고를 달게 받아들여야 할 것이다.

자기의 단점은 자기 스스로 발견하기가 어렵기 때문이다.

문익공(文翼公) 정광필(鄭光弼 1492~1538)이 영의정이 되었을 때였다. 마침 궁궐에 화재가 난 적이 있었으므로 임금이 진언을 구하였다.

이 때 한 젊은 신하가 아뢰었다.

"비루한 사람을 수상(首相 : 영의정을 가리킴)으로 임명한 것이 화재의 원인이었습니다."

문익공이 출근하자 우의정이던 신용개(申用漑 1463~1519)가 분개하여 말하였다.

"젊은 선비가 정승을 앞에 놓고 배척하는 풍조가 용납되어서는 안 될 것입니다. 혼을 내어야 합니다."

문익공은 미소를 띤 채 애써 만류하였다.

"그 사람은 내가 이해하리라는 것을 알았기에 그런 말을 한 것이오. 만약 내가 노여워할 줄 알았다면 누가 억지로 권하더라도 그런 말은 하지 않았을 것이오. 나에게 해로울 것도 없거니와 젊은 이들이 과감하게 바른 말을 하는 기상을 꺾어서는 안 될 것이오."

신용개는 그의 도량에 탄복하였다.

爽口之味는 皆爛腸腐骨之藥이니
상 구 지 미　　개 난 장 부 골 지 약

五分이면 便無殃이요
오 분　　　　변 무 앙

快心之事는 悉敗身喪德之媒니
쾌 심 지 사　　실 패 신 상 덕 지 매

五分이면 便無悔니라
오 분　　　　변 무 회

• 전집 104 •

입을 상쾌하게 하는 맛은 모두 오장과 뼈를 상하게 하
는 약이니, 반만이라도 줄이면 재앙이 없을 것이고
마음을 만족시키는 일은 모두 몸과 덕을 무너뜨리는
매개이니, 반만이라도 줄이면 후회가 없을 것이다.

◎ 글자 풀이

爽(시원할 상)　爛(문드러질 란)　腸(창자 장)　腐(썩을 부)

殃(재앙 앙)　快(쾌할 쾌)　悉(다 실)　敗(깨뜨릴 패)

媒(중매 매)　悔(뉘우칠 회)

◎ 단어 풀이

• 五分(오분) : 오푼. 절반 정도.

옛날 옛적에

　도촌(陶村) 정유성(鄭維城 1596~1664)은 조선조 현종(顯宗) 임금 때의 정승이다. 평소에도 몸가짐을 삼가서 이름이 있었는데, 그 손자 제현(齊賢)이 공주에게 장가를 들어 존귀하게 되자 더욱더 말이나 행동을 조심하였다.

　언젠가 공주에게 말했다.

　"공주는 자손을 낳지 않으시려는지?"

　공주가 무슨 말인지 몰라 어리둥절해하자 도촌이 정색을 하고 말했다.

　"세상일은 복이 있으면 반드시 재앙이 있는 법이지. 우리 집안은 대대로 가난했었는데 지금 너무 지나친 복을 입었으니, 곧 화근이 생길 것이네. 제발 앞으로는 좀더 절약하기를 바라네."

　후에 손자 제현이 죽어 갈 때 도촌이 가서 보았는데, 그 방에는 임금이 하사한 화려한 물품들이 가득하였다. 도촌은 방을 나서면서 탄식했다.

　"죽는 것이 당연하지."

讒夫毀士는 如寸雲蔽日하여 不久自明이요
참 부 훼 사　　여 촌 운 폐 일　　 불 구 자 명

媚子阿人은 似隙風侵肌하여 不覺其損이니라
미 자 아 인　　사 극 풍 침 기　　 불 각 기 손

• 전집 195 •

참소하고 헐뜯는 사람은 마치 조각 구름이 해를 가리
는 것과 같아서 오래지 않아 저절로 밝아질 것이요
아양떨고 아첨하는 사람은 마치 틈으로 새어든 바람이
피부에 스미는 것 같아 그 해로움을 깨닫기 어렵다.

◉ 글자 풀이

讒(참소할 참)　　毀(헐 훼)　　寸(마디 촌)　　雲(구름 운)

蔽(가릴 폐)　　明(밝을 명)　　媚(아양떨 미)　　阿(아첨할 아)

似(같을 사)　　隙(틈 극)　　侵(침투할 침)　　肌(살갗 기)

覺(깨달을 각)　　損(덜 손)

◉ 단어 풀이

• 讒夫(참부) : 참소하는 사람.

• 毀士(훼사) : 헐뜯는 사람.

• 寸雲(촌운) : 조각 구름.

• 蔽日(폐일) : 해를 가림.

• 媚子(미자) : 아양떠는 사람.

• 阿人(아인) : 아첨하는 사람.

• 似(사) : ~과 같음.

• 隙風(극풍) : 문틈 같은 곳으로 스며드는 바람.

• 侵肌(침기) : 피부에 스며듦.

까닭도 없이 자신을 미워하고 헐뜯는다고 해서 언짢아할 필요가
없다. 자신의 행동이 떳떳하다면 머지않아 누명이 벗겨질 것이기
때문이다. 정작 조심해야 할 것은 자신에게 좋은 말만 해 주는 사
람이다. 듣기 좋은 말에는 누구라도 마음이 움직이게 마련이다.
그 말에 익숙해지게 되면 자신을 단속하지 못하게 되어 실수를 할
가능성이 커진다. 자신에게 해가 된다는 것을 깨달았을 때는 이미
화가 현실로 나타나 어떻게 손을 쓸 수가 없다.

옛날 옛적에

병자호란이 있고 난 뒤의 일이다. 청나라의 장수가 우리 조정에
품질이 좋은 왜검(倭劍 : 일본검)을 구해 달라고 요구하였다.
당시에 호조 판서는 이명(李溟 1570~1648)이고 그 밑의 낭청은 임
의백(任義伯 1605~1667)이었다.

이명이 임의백에게

"시장 사람들을 독려하여 구해 바치라."

하니, 여러 날만에 비로소 한 자루를 구해 바쳤다.

이명이 그 칼을 살펴보더니 자신의 사저에 보관해 두고는 다시 한
자루를 더 구해 오라고 하였다.

시장 사람들이 크게 원망하고 임의백 역시 사람들이 많이 모인 곳
에서 공공연히 이명의 흉을 보았다. 하지만 상관의 명을 어길 수 없
어 애써서 한 자루를 구해 바쳤는데, 이전에 바친 것보다 훨씬 못한
것이었다.

이명이 그 칼을 청나라 장수에게 주니, 청나라 장수가 기뻐하며 돌아갔다.

얼마 지나지 않아 청나라 황제가 매우 급하게 보검을 요구하였는데, 이명은 주저하지 않고 곧 자신의 사저에 보관해 두었던 보검을 내어 주었다. 그리고는 옆에 있던 임의백에게 웃으면서 말했다.

"낭청은 이래도 나를 욕할 것인가? 좋은 칼은 쉽게 구해지는 것이 아니오. 만약 황제가 그 장수가 찬 칼을 보게 되면 그 또한 반드시 얻고자 할 것이라고 생각했소. 그래서 그 장수에게 처음에 구한 칼을 주지 않았던 것이오. 그리고 또한 관아에 두면 혹시 다른 칼과 바꾸어질까 염려해서 집에다 보관했던 것이라오."

그를 비난하던 임의백과 주변 사람들은 무안하여 고개를 숙였다.

毋憂拂意하고 毋喜快心하며
무 우 불 의　　　무 희 쾌 심

毋恃久安하고 毋憚初難하라
무 시 구 안　　　무 탄 초 난

• 전집 202 •

뜻에 맞지 않는다고 근심하지 말고 마음에 맞는다고
기뻐하지 말라.
오래도록 편안한 것을 믿지 말고 초기의 어려움을 꺼
리지 말라.

◎ 글자 풀이

毋(말 무)　　　憂(근심할 우)　　拂(거스를 불)　　快(쾌할 쾌)
恃(믿을 시)　　　憚(꺼릴 탄)　　　初(처음 초)　　難(어려울 난)

◎ 단어 풀이

• 毋(무) : ～하지 말라.
• 拂意(불의) : 뜻에 맞지 않음.
• 久安(구안) : 오래도록 편안함.
• 初難(초난) : 처음의 어려움.

옛날 옛적에

홍 중보(洪重普 1612~1671)라는 정승은 대간(臺諫)인 김징(金澄)의 탄핵을 받는 일이 많았다. 언젠가 동춘당(同春堂) 송준길(宋浚吉 1606~1672)의 집에서 서로 만나게 되었는데, 김징이 홍 정승에게 말했다.

"공께서 얻은 벗 중에 저만한 사람이 있었습니까? 공은 참으로 복이 많은 사람이라고 할 것입니다."

홍 정승이 크게 웃으며 말했다.

"자네가 나의 잘못을 바로잡아 주는 일이 많으니, 참으로 고맙게

생각하네. 그러나 속담에 좋은 노래도 매번 들으면 싫증이 난다
고 하지 않던가? 자네도 이제 그만 좀 하게나."

듣고 있던 동춘당이 말했다.

"정승의 도량이 이러하시니, 나라의 큰 복입니다."

참고

대간 : 조선조 때 간언(諫言)을 담당하던 사간원(司諫院), 사헌부(司憲府)를 통틀
어 말하는 것으로, 언관(言官)이라고도 하였다.

혼자라고 해서 방종하지 말라
나의 양심이 살아 있느니라

깊은 방안에서 하는 일이라 아무도 모를 것 같지만

하늘과 땅, 귀신과 자신은 알고 있다.

인간이 인간으로서의 존재 가치를 지니기 위해서는 인격이 있어야 한다.

인격은 내면적인 수양을 통해서 형성되는 것이다.

내면적인 수양은 눈을 감고 도를 닦거나

독서를 많이 해서 지식을 쌓는 것만을 말하는 것은 아니다.

자신의 양심을 속이지 않기 위해 애쓰는 것,

그것이 바로 가장 훌륭한 인격 수양 방법인 것이다.

肝受病하면 則目不能視하고
간 수 병   즉 목 불 능 시

腎受病하면 則耳不能聽하나니
신 수 병   즉 이 불 능 청

病은 受於人所不見하여 必發於人所共見이라
병   수 어 인 소 불 견   필 발 어 인 소 공 견

故로 君子가 欲無得罪於昭昭어든
고   군 자   욕 무 득 죄 어 소 소

先無得罪於冥冥이니라
선 무 득 죄 어 명 명

• 전집 048 •

간이 병들면 눈이 보이지 않고 신장이 병들면 귀가 들리지 않는다. 병은 남들이 볼 수 없는 데서 들어서 반드시 남들이 함께 볼 수 있는 곳에 나타난다. 그러므로 군자가 밝은 곳에서 죄를 얻지 않으려거든 먼저 어두운 곳에서 죄를 짓지 말아야 하는 것이다.

글자 풀이

肝(간 간)   視(볼 시)   腎(콩팥 신)   聽(들을 청)
病(병 병)   發(드러날 발)   共(함께 공)   罪(죄 죄)
昭(밝을 소)   冥(어두울 명)

단어 풀이

• 受病(수병) : 병이 듦.

- 昭昭(소소) : 밝고 밝음. 드러난 곳.
- 冥冥(명명) : 어둡고 어두움. 남이 보지 못하는 곳.

해설

  남들이 보지 않을 때는 누구나 긴장이 풀어지게 마련이다. 그러나 차마 하지 못하는 일은 하지 않아야 한다. 당장은 남들에게 드러나지 않을 수도 있다. 그러나 바늘도둑이 소도둑 되는 것처럼 그런 일에 익숙해지다 보면 결국은 더 큰 죄를 짓게 될 것이다.

옛날 옛적에

치재(恥齋) 홍인우(洪仁祐 1515~1554)는 조용히 혼자 있을 때도 늘 의관을 정제하고 몸가짐을 엄격히 하여 조금도 흐트러진 모습을 보이지 않았다. 그 부인이 물었다.

"어째서 혼자 계실 때에도 이렇게 스스로 공경하는 태도를 갖추십니까? 혼자 계실 때는 몸의 긴장을 풀고 지내시는 것이 좋지 않겠습니까?"

그러자 홍인우가 말하였다.

"위에는 하늘이 밝게 내려다보고 있고 아래에는 땅이 내 몸을 받치고 있소. 어두운 곳에는 귀신이 가득하고 밝은 곳에는 처자가 곁에 있소. 그러니 내 어찌 스스로 공경하지 않을 수 있으리오."

小處에 不滲漏하며 暗中에 不欺隱하며
소처　불삼루　　암중　불기은

末路에 不怠荒하면 纔是個眞正英雄이니라
말로　불태황　　재시개진정영웅

• 전집 114 •

작은 일도 빈틈없이 처리하고 어두운 곳에서도 속이지 않으며 마지막까지 게을리 하지 않는다면 그야말로 진정한 영웅이니라.

◎ 글자 풀이

滲(스밀 삼)　　漏(샐 루)　　暗(어두울 암)　　欺(속일 기)
隱(숨길 은)　　怠(게으를 태)　　荒(거칠 황)　　個(낱 개)
雄(수컷 웅)

◎ 단어 풀이

* 小處(소처) : 사소한 부분. 사소한 일.
* 滲漏(삼루) : 빈틈이 있어서 샘.
* 欺隱(기은) : 속이고 숨김.
* 末路(말로) : 마지막 순간. 또는 일이 실패했을 때를 가리키기도 함.
* 怠荒(태황) : 게으름.

옛날 옛적에

신독재(愼獨齋) 김집(金集 1574~1656)은 사계(沙溪) 김장생(金長生 1548~1631)의 아들로 사계의 뒤를 이어 예학(禮學)에 일가를 이루었던 분이다.

그가 젊었을 때의 일이다. 어느 날 친구가 계집종을 시켜 편지를 보내 왔는데, 그 종은 인물이 아름답고 젊었다.

마침 큰비가 내려 날이 저물도록 돌아가지 못하였으므로 할 수 없이 그 계집종을 빈방에다 재웠다.

그는 밤이 되어 잠자리에 들었으나 마음이 자꾸만 동하여 억제하기가 어려웠다. 즉시 일어나 자물쇠로 그 종이 자는 방의 문을 잠그고 돌아와 누웠다.

그러나 마음이 동하기는 마찬가지였다. 그러자 이번에는 그 열쇠를 지붕 위로 던져 버렸다.

인 물

김장생 : 조선 인조(仁祖) 때의 학자·문신. 자는 희원(希元). 호는 사계
(沙溪). 시호는 문원(文元). 본관은 광산(光山). 송익필(宋翼弼)·
이이(李珥)의 문인으로 성리학 및 예학에 조예가 깊었다. 저서에
《근사록석의(近思錄釋義)》《상례비고(喪禮備考)》가 있다.

김 집 : 조선 인조(仁祖) 때의 학자. 자는 사강(士剛). 호는 신독재(愼獨
齋). 시호는 문경(文敬). 본관은 광산(光山). 김장생(金長生)의 아
들로 아버지의 뒤를 이어 예학(禮學)에 조예가 깊었다. 저서에
《신독재집(愼獨齋集)》《의례문해속(疑禮問解續)》등이 있다.

君子而詐善은 無異小人之肆惡이요
군 자 이 사 선　무 이 소 인 지 사 악

君子而改節은 不及小人之自新이니라
군 자 이 개 절　불 급 소 인 지 자 신

• 전집 095 •

군자이면서 위선을 행하는 것은 소인이 함부로 악행을
하는 것과 다를 것이 없고
군자이면서 절개를 바꾸는 것은 소인이 스스로 뉘우쳐
새로워지는 것만 못 하니라.

◎ 글자 풀이

詐(속일 사)　　異(다를 이)　　肆(함부로 할 사)　　改(고칠 개)
節(절개 절)　　新(새로울 신)

◎ 단어 풀이

• 詐善(사선) : 선한 척함. 위선을 행함.
• 肆惡(사악) : 악행을 거리낌없이 함.
• 改節(개절) : 변절함.
• 自新(자신) : 잘못을 뉘우쳐 새롭게 변모함.

옛날 옛적에

서울에서 벼슬살이하던 학봉(鶴峯) 김성일(金誠一 1538~1593)
이 어버이를 뵈려고 고향으로 내려가던 차였다. 잠깐 쉬려고
길 옆에 서 있었는데, 한 천민이 신이 나서 흥얼거리며 일하고 있는
것이 눈에 띄었다.

"저 자는 왜 저리 신이 났느냐?"

옆에 있던 백성이 말했다.

"저 자는 효자로 소문이 자자한 사람입니다. 아마 병이 낳은 제 어
미 때문이겠지요."

학봉은 즉시 그를 불러 만나 보고 예를 갖추어 대접하였다. 주위
사람들이 괴이하게 여겨 물었다.

"신분의 차이가 큰데, 어째서 이토록 후하게 대하는 것입니까?"

학봉은 엄숙한 표정을 지으며 말했다.

"만약 착한 행실이 있는 사람이라면 어찌 미천하다고 해서 업신여
기겠는가? 착하지 못한 사람은 비록 정승의 지위에 오르더라도
볼 만한 것이 없는 것을……."

비관하지도 교만하지도 말라
화가 있으면 복도 있느니라

인생은 길다.

한 순간의 행복과 불행이

인생의 전부라고 여겨서는 안 된다.

기쁜 일이 있으면 슬픈 일도 있으며

좋은 일이 있으면 나쁜 일도 있는 것이다.

역경에 처했을 때는 행복한 나날이 있을 것을

기대하면서 희망을 가지고 살고

즐거운 일이 있을 때는 위기가 있을 때를 대비해

자신을 돌아보고 단속해야 하는 것이다.

君子之心事는 天靑日白하여 不可使人不知요
군자지심사   천청일백   불가사인부지

君子之才華는 玉韞珠藏하여 不可使人易知니라
군자지재화   옥온주장   불가사인이지

• 전집 003 •

군자의 심사는 하늘처럼 깨끗하고 해처럼 밝게 하여
남들이 모르게 해서는 안 되며
군자의 재주는 옥이 묻히고 구슬이 감춰지듯 남들이
쉽게 알게 해서는 안 된다.

◎ 글자 풀이

華(꽃 화)   韞(감출 온)   珠(구슬 주)   藏(감출 장)
易(쉬울 이)

◎ 단어 풀이

• 才華(재화) : 화려한 재주.
• 玉韞珠藏(옥온주장) : 옥이 묻히고 구슬이 감추어짐. 진면
                      목이 드러나지 않음.

해설

　원만한 인간 관계를 유지하는 사람들을 보면 대체로 솔직하다.
자신의 마음을 꾸밈없이 터놓고 보여 주기 때문에 다른 사람들이
경계하지 않고 편안히 다가오는 것이다.

　재주 많은 사람은 자칫 지나친 자신감 때문에 다른 사람의 빈축
을 사기 쉽다.

　다른 사람의 견제로 인해 오히려 자신이 지닌 재주를 제대로 써
보지 못할 수도 있는 것이다.

옛날 옛적에

　오리(梧里) 이원익(李元翼 1547~1634)은 조선조 중기 때의 이름난 재상이다.

　처음 벼슬길에 올랐을 때 중국말을 열심히 공부한 적이 있었다.
언젠가 중국에 사신으로 가서, 그 곳의 관리와 만나게 되었다. 이 때
데리고 간 통역관이 중간에서 사욕을 채우기 위해 농간을 부렸다.
사신이 중국말을 알아듣지 못한다고 생각해서였다.

　며칠 뒤 오리가 중국 선비들과 자리를 함께 할 일이 생겨 서로 경
사(經史)를 토론하였는데, 중국말이 물 흐르듯 유창하여 막힘이 없
었다.

　통역관이 크게 놀라 떨면서 땅에 엎드렸다.

"죽을 죄를 지었습니다. 목숨만 살려 주신다면 다시는 이런 일이 없도록 하겠나이다."

그러나 오리는 여전히 아무 일도 없었던 것처럼 빙그레 웃기만 하였다.

인 물

 이원익 : 조선 선조(宣祖) 때의 문신. 자는 공려(公勵). 호는 오리(梧里). 시호는 문충(文忠). 본관은 전주(全州). 청렴한 재상으로 이름이 높았다. 저서에 《오리집(梧里集)》《오리일기(梧里日記)》가 있다.

老來疾病은 都是壯時招的이요
노 래 질 병　　도 시 장 시 초 적

衰後罪孽은 都是盛時作的이니
쇠 후 죄 얼　　도 시 성 시 작 적

故로 持盈履滿을 君子尤兢兢焉하느니라
고　　지 영 리 만　　군 자 우 긍 긍 언

• 전집 109 •

늙은 뒤의 질병은 모두 젊었을 때 초래한 것이고 쇠한 후의 죄과는 모두 한창 때에 지은 것이다. 그러므로 군자는 극도로 성대한 상태에 처하는 것을 특히 조심해야 하느니라.

○ 글자 풀이

老(늙을 로)　　疾(병 질)　　病(병 병)　　都(모두 도)
壯(씩씩할 장)　招(부를 초)　衰(쇠할 쇠)　罪(죄 죄)
孽(재앙 얼)　　盈(찰 영)　　履(밟을 리)　滿(가득 찰 만)
兢(삼갈 긍)

○ 단어 풀이

· 老來(노래) : 늙음.
· 持盈履滿(지영리만) : 지위나 위세가 극도에 달함.
· 兢兢(긍긍) : 전전긍긍함. 조심함.

달은 차면 기울고 꽃은 피면 지게 마련이다. 전성기에 있을 때 조심하고 축적해 두지 않으면 안 된다. 인생에 있어서 전성기는 젊은 시절일 것이다. 이 시기에 스스로를 어떻게 가꾸어 놓느냐에 따라 노년의 인생이 달라지게 된다. 40대 이후의 얼굴은 스스로의 책임이라는 말도 있지 않은가?

옛날 옛적에

여헌(旅軒) 장현광(張顯光 1554~1637)이 인동(仁同)으로 내려가 살 때의 일이다.

그는 얼굴이 검고 의관이 수수하여 다른 시골 늙은이와 다를 바가 없었다.

하루는 폭우가 쏟아져 마당에 늘어놓은 보리를 마루 위에 올려놓고 있었는데, 한 젊은 선비가 비를 피해 들어왔다.

그는 그 고을 감사의 아들인데 주인에게 예의도 차리지 않은 채 마루에 올라 앉으면서 대뜸 물었다.

"타작한 보리가 많은 걸 보니 먹고 살 만한가 보군."

"열심히 농사를 지으면 굶지는 않습니다."

잠시 말이 없던 감사의 아들이 또 물었다.

"금관자(金貫子)를 차고 있는 걸 보니, 곡식을 바치고 벼슬을 얻은 모양이로군."

"요즘에는 그런 경우가 많이 있지요."

비가 멎자 감사의 아들이 일어서면서 물었다.

"여헌 장 선생이 이 마을에 사신다는데, 혹시 아는가?"

"젊은이들이 날 보고 여헌이라고 합니다."

감사의 아들이 깜짝 놀라서 황급히 마당으로 내려 서서 사죄하였다. 여헌은 그를 다시 마루로 올라오게 한 뒤 꾸짖었다.

"선비는 말과 행동을 삼가지 않으면 안 된다네. 다시는 그러지 말게."

인물

장현광 : 조선 인조(仁祖) 때의 문신·학자. 자는 덕회(德晦). 호는 여헌(旅軒). 시호는 문강(文康). 본관은 인동(仁同). 성리학에 조예가 있었으며, 예학 및 의학에도 밝았다. 저서에 《여헌문집(旅軒文集)》이 있다.

참고

금관자 : 관자는 조선조 때 망건(網巾)의 당줄에 꿰는 작은 구슬로 신분에 따라 재료를 다르게 썼다. 금관자는 정3품의 관원이 썼다.

我貴而人奉之는　奉此峨冠大帶也며
아 귀 이 인 봉 지　봉 차 아 관 대 대 야

我賤而人侮之는　侮此布衣草履也라
아 천 이 인 모 지　모 차 포 의 초 리 야

然則原非奉我니　我胡爲喜하며
연 즉 원 비 봉 아　아 호 위 희

原非侮我니　我胡爲怒리오
원 비 모 아　아 호 위 노

• 전집 172 •

내가 귀할 때 사람들이 받드는 것은 나의 높은 관과
큰 띠를 받드는 것이며 내가 천할 때 사람들이 깔보는
것은 나의 베옷과 짚신을 깔보는 것이다.
그러니 애당초 나를 받드는 것이 아닌데 내가 어찌 그
때문에 기뻐할 것이며, 애초에 나를 깔보는 것이 아닌
데 내가 어찌 그 때문에 노여워할 것인가.

◎ 글자 풀이

奉(받들 봉)　　峨(높을 아)　　冠(갓 관)　　帶(띠 대)
賤(천할 천)　　侮(엎신여길 모)　履(신 리)　　胡(어찌 호)
怒(성낼 노)

◎ 단어 풀이

* 峨冠大帶(아관대대) : 높은 관과 큰 띠. 높은 벼슬에 있는
　　　　　　　　　　사람들의 복장.
* 布衣草履(포의초리) : 베옷과 짚신. 가난하고 신분이 낮
　　　　　　　　　　은 사람들의 복장.

- 原(원) : 원래. 애당초.
- 胡(호) : 어찌 ~하랴.

해설

'달면 삼키고 쓰면 뱉는다'는 말은 세상의 인심을 잘 표현한 말이다. 남들이 날 어떻게 대우하느냐에 너무 민감해할 것이 없다. 어차피 그들이 나의 내면을 보고 나를 대하는 것은 아니기 때문이다.

옛날 옛적에

조상 대대로 부자로 살아오다가 큰 죄에 연루되어 망해 버린 사람이 있었다.

그 부자는 평소에 많은 덕을 베풀었으나 막상 망하고 나자 사람들은 아무도 그를 돌보아 주지 않았다.

그는 더 이상의 냉대와 굶주림을 견디지 못하고 고향을 떠나 객지를 떠돌아다녔다.

원래 부지런했던 그는 고향을 떠난 지 10여 년 만에 다시 큰 돈을 모았고 큰 집도 마련할 수 있었다.

"이제 돈도 웬만큼 벌었으니, 조상의 산소를 돌보아야겠다."

그는 곧 제사에 필요한 물품들을 성대하게 준비하여 여러 대의 수

레에 싣고 고향으로 떠났다. 워낙 성대한 행차였으므로 소문은 금세 고향까지 퍼졌다.

소문을 들은 일가 친지들은 앞다투어 마중을 나왔다. 그 부자는 일부러 하인처럼 허름하게 변장을 하고 앞줄에 섰다. 그리고 자신을 찾기 위해 두리번거리는 일가들에게 말했다.

"저 뒤쪽 수레에 계십니다."

그들은 우르르 뒤쪽으로 몰려갔다. 그러나 부자는 보이지 않았다. 한 하인이 말했다.

"그 어른은 맨 앞에 계십니다."

그들은 다시 맨 앞으로 달려왔다.

"일부러 당신을 마중하기 위해 나왔는데, 고마워하기는커녕 우리를 속이다니. 그럴 수 있는 거요?"

부자는 엄숙한 표정으로 말했다.

"여러분이 마중 나온 것은 내가 아니라 저 뒤쪽 수레에 실린 재물이 아닌가요? 내가 망하여 굶주리고 있을 때를 생각해 보십시오."

화를 내며 기세등등하던 일가 친지들은 무안해하며 고개를 숙였다.

鷹立如睡하며 虎行似病은
응 립 여 수   호 행 사 병

正是他攫人噬人手段處라
정 시 타 확 인 서 인 수 단 처

故로 君子는 要聰明不露하며 才華不逞이니
고   군 자   요 총 명 불 로   재 화 불 령

纔有肩鴻任鉅的力量이니라
재 유 견 홍 임 거 적 역 량

• 전집 200 •

매가 조는 듯 앉아 있고 호랑이가 병든 듯이 걸어가는
것은 바로 사람을 채거나 물기 위한 속임수이다. 그러
므로 군자는 총명을 드러내지 않으며 재주를 다 나타
내지 않으니, 이렇게 해야 큰 일을 맡아 짊어질 역량
이 있는 것이다.

○ 글자 풀이

鷹(매 응)	睡(잘 수)	虎(범 호)	似(같을 사)
病(병 병)	攫(움켜잡을 확)	噬(씹을 서)	段(구분 단)
聰(총명할 총)	露(드러낼 로)	逞(다할 령)	纔(비로소 재)
肩(어깨 견)	鴻(클 홍)	鉅(클 거)	

○ 단어 풀이

• 他(타) : 그들. 여기서는 매와 호랑이를 가리킴.
• 才華(재화) : 화려한 재주.
• 肩鴻(견홍) : 큰 일을 짊어짐.
• 任鉅(임거) : 큰 임무를 짐.

해설

드러나면 적에게 공격을 당하기 쉽고 숨어 있으면 적에게 공격을 당할 염려가 적다. 주변 사람들이 자기만 못하다고 하여 자신의 재능을 한껏 뽐내서는 안 된다. 진정으로 큰 일을 하기 위해서는 자신의 모든 것을 상대에게 드러내서는 안 되는 것이다. 둔하고 어리숙해 보인다고 해서 모두 진정으로 무능한 것은 아니다. 그런 사람들 중에는 오히려 약은 체하는 사람들보다도 더 실속을 챙기는 사람들이 많다.

옛날 옛적에

중국의 오(吳)나라 왕이 강 건너에 있는 산에 올랐다. 그 산에는 원숭이들이 많이 살고 있었는데, 사람들이 무리지어 올라오는 것을 보고 놀라 재빨리 숨었다. 그런데 유독 한 원숭이는 도망치지 않고 이 나무에서 저 나무로 뛰어다니며 온갖 재주를 다 부렸다.

왕은 그 원숭이를 향해 활을 쏘았다. 그러나 원숭이는 그 활을 민첩하게 잡아 버렸다. 약이 오른 왕은 따라온 병사들에게 소리쳤다.

"어디 얼마나 빠른지 보자. 일제히 활을 쏘도록 하라."

좌우에 있던 병사들이 그 즉시 활을 쏘아댔다. 원숭이는 다시 한 화살을 잡았지만 곧이어 무수히 날아드는 화살을 맞고 죽어 버렸다.

왕이 신하를 돌아보며 말했다.

"보아라. 재주만 믿고 오만하게 굴더니, 결국 죽지 않느냐. 남에게 교만한 태도를 보이다가는 저렇게 화를 당하게 되는 법이다."

子生而母危하며 鏹積而盜窺하나니 何喜非憂也며
자 생 이 모 위 　 강 적 이 도 규 　 　 하 희 비 우 야

貧可以節用하며 病可以保身하나니 何憂非喜也리오
빈 가 이 절 용 　 병 가 이 보 신 　 　 하 우 비 희 야

故로 達人은 當順逆一視而欣戚兩忘이니라
고 　 달 인 　 당 순 역 일 시 이 흔 척 양 망

• 후집 119 •

자식이 나게 되면 어미가 위태롭고 돈이 쌓이면 도둑
이 엿보나니 어떤 기쁨인들 근심이 아닐 것이며, 가난
하면 절약하여 쓸 수 있고 병이 있으면 몸을 보존할
수 있으니 어떤 근심인들 기쁨이 아니랴.
그러므로 달인은 마땅히 유리한 상황과 불리한 상황을
하나로 보아 기쁨이나 슬픔을 모두 잊느니라.

◉ 글자 풀이

鏹(돈 강)　　積(쌓을 적)　　盜(도적 도)　　窺(엿볼 규)
貧(가난할 빈)　節(마디 절)　　病(병 병)　　保(보존할 보)
達(통달할 달)　逆(거스를 역)　視(볼 시)　　欣(기뻐할 흔)
戚(슬플 척)

◉ 단어 풀이

• 達人(달인) : 사물의 이치에 널리 통한 사람.
• 順逆(순역) : 자기에게 유리한 상황과 불리한 상황. 역
　　　　　　　(逆)은 역경(逆境).

- 欣戚(흔척) : 기뻐하거나 슬퍼함.
- 兩忘(양망) : 두 가지 모두 마음에 두지 않음.

해설

　세상일은 한 가지 측면에서만 보아서는 안 된다. 똑같은 일이 한쪽에는 즐거운 일이 될 수 있고 한쪽에는 슬픈 일이 될 수도 있기 때문이다. 몸이 약한 사람은 병이 나지 않도록 더욱더 조심하게 되기 때문에 오히려 건강한 사람에 비해서 병에 잘 걸리지 않는다. 그러므로 어떤 일에 대해서 너무 기뻐하거나 너무 슬퍼할 필요가 없는 것이다.

옛날 옛적에

　재산이라고는 말 한 마리뿐인 노인이 살고 있었다. 하루는 그가 키우던 말이 어디론가 사라져 돌아오지 않았다. 이웃 사람들이 찾아와 위로했다.

　"전 재산이나 다름없는 말을 잃어버리셨으니 상심이 크시겠습니다."

　그러나 노인은 담담하게 말했다.

　"좋은 일이 될지 어떻게 알겠습니까?"

　얼마 후 그 말이 돌아왔는데 새끼 딸린 암말까지 함께였다. 이웃 사람들은 노인을 찾아와 축하했다. 그러나 노인은 시무룩한 표정으로 대답했다.

"나쁜 일이 될지 어떻게 알겠습니까?"

그 암말을 타 보던 아들이 말에서 떨어져 다리가 부러졌다. 이웃 사람들은 다시 노인을 위로했다. 그러자 노인은 담담한 표정으로 말했다.

"좋은 일이 될지 어떻게 알겠습니까?"

얼마 뒤 변방에서 전쟁이 일어나 젊은이들은 모두 군대로 뽑혀 가게 되었다. 그러나 다리를 다친 아들은 전쟁터로 나가지 않아도 되었다.

마음이 여유로운 사람은
다른 사람에게 너그러우니라

시험을 앞두고 긴장하거나

학교에서 불쾌한 일이 있을 때는

조그만 일에도 쉽게 화를 내게 된다.

이것은 마음이 안정되지 못하기 때문이다.

내 마음이 불안하다 보니 자연히 다른 사람을 배려할

마음의 여유가 없게 되는 것이다.

남에게 관대한 사람이 되고자 한다면

먼저 자신의 마음을 여유롭게 가져야 할 것이다.

攻人之惡에 毋太嚴하여 要思其堪受하며
공인지악　　무태엄　　요사기감수

教人以善하되 毋過高하여 當使其可從이니라
교인이선　　무과고　　당사기가종

· 전집 023 ·

남의 잘못을 공격할 때는 너무 엄격하게 하지 말아서 그
가 달게 받아들일 수 있을지를 생각하여야 하며,
남을 선으로써 가르치되 너무 수준을 높이지 말아서 그
가 따를 수 있도록 하여야 한다.

○ 글자 풀이

攻(칠 공)　　　嚴(엄할 엄)　　　要(구할 요)　　　堪(견딜 감)

○ 단어 풀이

· 太嚴(태엄) : 너무 엄격함.
· 堪受(감수) : 받아들일 만함. 달게 받아들임.
· 過高(과고) : 너무 수준이 높게 함.

아무리 친한 사이라도 쉽게 받아들이기 어려운 것이 충고이다. 아픈 곳을 지적해 주는 것이므로 자칫 잘못하면 서로의 의리에 금이 갈 수도 있다. 좋은 의미의 충고도 이런데 하물며 남을 비난할 때는 어떻겠는가? 다른 사람의 악행을 비난할 때는 그 사람이 자기의 잘못을 인정하여 반성할 수 있을 정도의 선에서 그쳐야 한다. 너무 가혹하게 비난을 가하게 되면 오히려 강한 반발을 사게 되어 일을 그르칠 수 있기 때문이다.

남을 가르칠 때는 아무리 선한 일이라도 수준을 너무 높게 설정해서는 안 된다. 선행은 성인만이 할 수 있다는 생각에 일찍 자포자기할 수 있기 때문이다.

옛날 옛적에

한훤당(寒暄堂) 김굉필(金宏弼 1454~1504)은 조선조에서 손꼽히는 도학자이다.

그가 서울에 있을 때의 일이다. 누군가가 꿩을 선물로 보냈는데, 살이 토실토실한 놈이었다.

"잡아서 잘 말려 두어라. 고향에 계신 어머니께 보내야겠다."

하녀가 그 고기를 말리기 위해 장독대에 널어 놓았다. 며칠 뒤 하녀가 겁먹은 표정으로 아뢰었다.

"고양이가 물어갔습니다."

"뭐라고? 어머니께 보내려고 했던 것을."

그는 크게 화를 내며, 하녀를 꾸짖었다.

이 때 옆에서 지켜보던 제자 정암(靜菴) 조광조(趙光祖 1482
~1519)가 천천히 앞으로 다가와서 말했다.

"어머니에 대한 정성은 참으로 지극하다고 할 만합니다. 그러나
무지한 하녀가 고의로 한 것이 아니니, 너무 과격하게 나무라서는
안 될 듯합니다."

한훤당은 그의 손을 덥석 잡으면서 말했다.

"나도 금방 뉘우치고 있었다. 네가 어린 나이에 이런 말을 해 주다
니, 내가 너에게 배워야겠구나."

인물

김굉필 : 조선 연산군(燕山君) 때의 학자. 자는 대유(大猷). 호는 한훤당
(寒暄堂)·사옹(蓑翁). 시호는 문경(文敬). 본관은 서흥(瑞興). 김
종직(金宗直)의 문인. 도학(道學)으로 이름이 높았으며 문묘(文
廟)에 배향되었다. 저서에 《한훤당집(寒暄堂集)》《가범(家範)》
《경현록(景賢錄)》이 있다.

조광조 : 조선 중종(中宗) 때의 문신이자 학자. 자는 효직(孝直). 호는 정
암(靜菴). 시호는 문정(文正). 본관은 한양(漢陽). 유학 사상의 실
천에 힘을 쏟았으며 유가의 정치적 이념의 구현을 위해 개혁을
추진하였다. 문묘(文廟)에 배향되었으며 동방사현(東方四賢)의 하
나로 불린다. 저서에 《정암집(靜菴集)》이 있다.

待小人은 不難於嚴이요 而難於不惡하며
대소인　　불난어엄　　이난어불오

待君子는 不難於恭이요 而難於有禮니라
대군자　　불난어공　　이난어유례

• 전집 036 •

소인을 대할 때는 엄하게 하는 것이 어려운 것이 아니라 미워하지 않기가 어려운 것이며
군자를 대할 때는 공손하기가 어려운 것이 아니라 예를 제대로 갖추기가 어려운 것이다.

◎ 글자 풀이

待(대할 대)　　難(어려울 난)　　嚴(엄할 엄)　　惡(미워할 오)
恭(공손할 공)　　禮(예도 례)

◎ 단어 풀이

• 불오(不惡) : 미워하지 않음.
• 난어(難於) : ~하는 것이 어려움.

나쁜 짓을 일삼는 소인을 미워하고 덕행이 있는 군자를 공경하는 것은 인간의 기본 심리이다. 그러나 소인에게도 좋은 면은 있을 수 있다. 소인을 무조건 미워하거나 엄하게 대하게 되면 그런 좋은 면들을 발견하거나 장려해 줄 수 없다. 그러면 소인은 끝까지 소인의 범주를 벗어날 수 없게 된다. 죄는 미워하되 인간은 미워하지 말라는 말이 있다. 잘못을 깨닫고 선한 사람이 될 수 있도록 격려하고 선도할 필요가 있는 것이다.

옛날 옛적에

어떤 고약한 무리들이 부처님께 와서 마구 욕을 퍼부었다. 부처님은 묵묵히 듣고 있다가 그 무리들의 기세가 조금 누그러지자 물었다.

"당신은 집에 손님이 오면 음식을 대접합니까?"

"물론이지. 손님에게 음식을 대접하는 것은 당연하지 않은가?"

"그럼 그 음식을 손님이 먹지 않으면 누가 먹습니까?"

"아, 그걸 말이라고 하는 거요. 당연히 주인인 내가 먹지."

그러자 부처님은 빙그레 미소를 띠며 말했다.

"그렇군요. 당신들은 오늘 내게 욕설을 퍼부었습니다. 그러나 나는 그것을 받지 않았습니다. 그렇다면 그 욕은 누구의 것입니까?"

그 말을 듣던 무리들은 자신도 모르게 무릎을 꿇고 잘못을 빌었다. 그리고 그 날로 부처님의 제자가 되었다.

地之穢者는 多生物하고 水之淸者는 常無魚라
지지예자　다생물　　수지청자　상무어

故로 君子는 當存含垢納汚之量하며
고　군자　당존함구납오지량

不可持好潔獨行之操니라
불가지호결독행지조

• 전집 076 •

더러운 땅에는 생물이 많고 맑은 물에서는 항상 고기가 살지 않는다. 그러므로 군자는 마땅히 허물을 용납하고 더러움을 받아들이는 도량을 가져야 하며 깨끗함을 좋아하고 홀로 살아가려는 지조를 지녀서는 안 된다.

◎ 글자 풀이

穢(더러울 예)　含(머금을 함)　垢(때 구)　納(받아들일 납)

汚(더러울 오)　量(헤아릴 량)　潔(깨끗할 결)　操(잡을 조)

◎ 단어 풀이

· 含垢納汚(함구납오) : 허물을 용납하고 더러움을 받아들임.
· 獨行(독행) : 세속의 풍조에 휩쓸리지 않고 지조를 지키며 살아감.

고사로 풀이한 채근담　159

해설

　물이 너무 맑으면 물고기가 살 수 없다. 물고기의 영양분이 될 만한 것들이 살 수 없기 때문이다. 물에는 물고기가 살아야 하고 산에는 산짐승이 살아야 제격이다.

　인간 세상에는 인간이 서로 어울려 살아야 한다. 자신보다 못하다고 하여 함께 어울리지 않고 혼자만 깨끗하게 지조를 지켜 살고자 한다면 물에 물고기가 없는 것과 다를 것이 없다.

　자신보다 못한 면이 있더라도 너그럽게 포용해 주는 아량이 필요한 것이다.

옛날 옛적에

　선조 때 광해군이 폭정을 거듭하자 몇몇 신하들이 모여 반정(反正 : 현재의 왕을 몰아내고 새로운 왕을 세우는 일)을 모의하게 되었다.

　"왕실의 종친 중에 누구를 왕으로 추대하는 것이 좋겠소?"

　"능양군(綾陽君 : 인조(仁祖)를 가리킴)이 왕의 자질을 갖추었다던데……."

　좌중에 모인 사람들은 모두 고개를 끄덕였다.

　"혹시 모르니 능양군을 잘 아는 금양위(錦陽尉) 박미(朴瀰 1592~1645)에게 한번 물어 봅시다."

　그러나 박미는 능양군에 대해 함부로 평하면서 동조하려 하지 않았다.

마침내 반정하는 날이 되어 한 신하가 인조에게 말했다.

"공자께서 등극하신 후에 만약 박미의 말을 문제삼으신다면 사람들은 공자의 도량이 부족하다고 여길 것입니다."

그러자 인조는 웃으며 말했다.

"내가 어찌 그런 일을 마음에 두겠는가?"

훗날 인조가 등극하게 되자 박미는 조만간 큰 벌이 내릴 것이라고 여겨 어쩔 줄 몰랐는데, 어느 날 인조는 신하들을 돌아보며 말했다.

"박미에게 특별히 벼슬을 제수하여 안심시켜 주도록 하라."

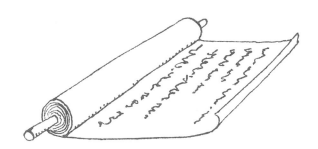

鋤奸杜倖엔 要放他一條去路니
서 간 두 행   요 방 타 일 조 거 로

若使之一無所容하야 譬如塞鼠穴者가
약 사 지 일 무 소 용   비 여 색 서 혈 자

一切去路를 都塞盡하면 則一切好物을
일 체 거 로   도 색 진   즉 일 체 호 물

俱咬破矣니라
구 교 파 의

• 전집 140 •

간사한 무리를 제거하고 요행을 바라는 무리를 막을 때는 그들이 도망갈 한 가닥 길을 터놓아야 한다. 만약 조금도 도망할 곳이 없게 하여 마치 쥐구멍을 막는 자가 일체의 도망갈 길을 모두 막아 버리는 것처럼 한다면 일체의 좋은 기물들을 모두 물어뜯어 파괴해 버리게 될 것이다.

◎ 글자 풀이

鋤(호미 서)	奸(범할 간)	杜(막을 두)	倖(요행 행)
條(가지 조)	路(길 로)	譬(비유할 비)	塞(막을 색)
鼠(쥐 서)	穴(구멍 혈)	咬(깨물 교)	破(깨뜨릴 파)

단어 풀이

- 鋤奸(서간) : 간사한 무리를 제거함.
- 杜倖(두행) : 요행을 바라고 아첨하는 무리들을 막음.
- 一切(일체) : 모두. 통틀어서.
- 咬破(교파) : 물어뜯어 파괴함.

해설

쥐가 궁지에 몰리게 되면 고양이를 문다고 했다. 소인은 언제고 생겨나기 마련이다. 한 시대의 소인을 모두 제거했다고 해서 다음 시대에 소인이 없어지는 것이 아니다. 어차피 모두 제거할 수 없다면 그들이 활개를 치지 못하도록 억제하기만 하면 되는 것이다. 굳이 궁지로 몰아넣어 완전히 제거하고자 하면 오히려 의외의 화를 당할 수도 있다. 소인들은 그 마음이 흉측하여 어떤 일을 저지를지 알 수 없기 때문이다. 소인에게만 그래야 하는 것은 아니다. 남의 약점을 추궁할 때도 마찬가지이다.

옛날 옛적에

김신국(金藎國 1572~1637)이 호조 판서로 있을 때였다. 마침 중국에 은을 바치는 일이 있었는데, 외교적으로 중요한 일인지라 아랫사람들에게 시키지 않고 직접 감독하여 밀봉하였다. 이 때 숫자를 세던 관원 하나가 몰래 은 덩어리 하나를 훔쳤다.

김 판서 혼자서 눈치를 챘으나 아무것도 모르는 것처럼,

"허리가 아파서 안 되겠다. 오늘은 그만 하자. 이 은괴는 저 방에 넣어 두어라."

하면서, 그 관원에게 다음 날 아침까지 지키게 하였다. 밤중이 되자 관원은 불안해졌다.

"내일 세어 보고 숫자가 맞지 않으면 내 책임이 된다."

그는 할 수 없이 훔쳤던 은 덩어리를 도로 그 속에 넣어 두었다.

김 판서는 그 일이 있은 지 여러 날이 지나도록 그의 죄를 남들에게 말하지 않았다. 그러다가 어느 날 그 관원이 하찮은 실수를 하자 그것을 이유로 교체하니, 사람들이 모두 그 도량에 탄복하였다.

持身엔 不可太皎潔이니
지 신　　　불 가 태 교 결

一切汚辱垢穢를 要茹納得하며,
일 체 오 욕 구 예　　　요 여 납 득

與人엔 不可太分明이니
여 인　　　불 가 태 분 명

一切善惡賢愚를 要包容得이니라
일 체 선 악 현 우　　　요 포 용 득

· 전집 188 ·

몸가짐은 너무 깨끗하게만 해서는 안 되니 일체의 욕
되고 더러운 것도 함께 받아들여야 하며,
남과 어울릴 때는 너무 분명하게 해서는 안 되니 일체
의 선악과 현우를 포용해야 한다.

○ 글자 풀이

皎(깨끗할 교)　潔(깨끗할 결)　汚(더러울 오)　辱(욕되게 할 욕)
垢(때 구)　　　穢(더러울 예)　茹(용납할 여)　納(거둘 납)

○ 단어 풀이

· 皎潔(교결) : (몸가짐을) 결백하게 함.
· 茹納(여납) : 용납함.
· 與人(여인) : 남과 어울림.

자신의 몸가짐을 깨끗하게 하는 것은 좋은 일이다. 그리고 사람을 가려서 사귀는 것 또한 좋은 일이다. 그러나 세상에는 항상 선하고 깨끗한 것만이 존재하는 것은 아니다. 또한 사람마다 나름대로의 삶의 방식이 있고 소속 집단에서 차지하는 비중이 있다.

자기보다 못하거나 마음에 들지 않는다고 해서 무조건 배척한다면 도리어 자기 자신이 그 사회에 적응하지 못하고 배척당할 수도 있는 것이다.

옛날 옛적에

서애(西厓) 유성룡(柳成龍 1542~1607)에게는 교분이 두터운 한 친구가 있었다.

그는 퇴계(退溪) 이황(李滉 1501~1570) 문하에서 같이 공부하였고 임진왜란 때는 의병을 일으키기까지 하였다. 그러나 그는 성품이 너무 강직하여 조정에 나아가 남과 잘 어울리지 못하는 것이 흠이었다.

그가 죽은 뒤에 서애는 그의 죽음을 애도하면서 이렇게 안타까워했다.

"그는 성품이 강직하고 눈이 높아서 남들을 인정하는 일이 적었다. 뜻에 맞지 않는 사람을 보면 비록 대면하여도 더불어 말하지 않았고 착하지 않은 사람을 보면 자신을 더럽힐까 하여 문을 닫고 만나기를 거절하기까지 하였다. 이로 인해서 많은 원망을 사서 뜻

을 이루지 못하고 곤궁히 지내다 죽었으며 사후에도 관직을 삭탈
(削奪)당하는 화를 입었다."

그가 살아 있을 때의 일이다.

당시에 일부러 미친 척하며 자신의 재주를 숨기고 사는 강서(姜
緖)라는 사람이 있었는데, 어느 날 크게 취하여 맨발로 방으로 뛰어
들어와 그의 눈을 자꾸만 더듬으며 말했다.

"네 눈이 너무 높으니, 주물러서 낮추어야겠다."

인물

유성룡 : 조선 선조(宣祖) 때의 명재상이자 학자. 자는 이현(而見). 호는
서애(西厓). 시호는 문충(文忠). 본관은 풍산(豊山). 이황(李滉)의
수제자로서 임진왜란(壬辰倭亂) 당시 재상의 자리에 있으면서 국
난 극복에 공이 컸다. 저서에 《서애집(西厓集)》《징비록(懲毖錄)》
등이 있다.

仁人은 心地寬舒하니 便福厚而慶長하여
인인 심지관서 변복후이경장

事事成個寬舒氣象하며
사사성개관서기상

鄙夫는 念頭迫促하니 便祿薄而澤短하여
비부 염두박촉 변록박이택단

事事得個迫促規模니라
사사득개박촉규모

• 전집 207 •

어진 사람은 마음이 너그럽고 화평하니 곧 복이 후하
고 경사가 오래 가 하는 일마다 너그럽고 화평한 기상
을 이룬다.
비루한 사람은 생각이 좁고 위축되니 복록이 박하고
은택이 짧아서 하는 일마다 규모가 좁고 위축되게 된
다.

◎ 글자 풀이

寬(너그러울 관) 舒(펼 서)   慶(경사 경)   個(낱 개)
鄙(비루할 비)   迫(좁혀질 박) 促(재촉할 촉) 祿(복 록)
薄(박할 박)   澤(은택 택)   規(법 규)   模(법 모)

◎ 단어 풀이

• 寬舒(관서) : 마음이 너그럽고 화평함.
• 心地(심지) : 마음.
• 念頭(염두) : 생각.

마음이 편해야 만사가 편하다. 내 마음이 안정되지 못하는데 남을 돌아볼 겨를이 있겠는가? 느긋하게 기다리지 못하고 조급하게 작은 이익을 좇다 보니 원대한 계획을 가지고 인생을 설계하지 못하게 된다.

삶이 곤궁하게 되면 다시 마음이 편안하지 못하게 되고 자꾸만 다람쥐 쳇바퀴 돌 듯이 악순환을 거듭하는 것이다.

옛날 옛적에

유 씨 성을 가진 관리가 있었다. 그는 평소에 아무리 급한 일이 있어도 서두르거나 화를 내는 일이 없었다.

남편의 화내는 모습이 궁금했던 그의 부인이 하루는 꾀를 내어 계집종을 불렀다.

"오늘 나으리께서 조정에 급한 모임이 있어 나가실 것이다. 너는 문지방에 걸린 척하면서 그분의 옷에다 국을 엎지르도록 하여라."

계집종이 그대로 따랐는데, 그 관리는 조금도 변하는 기색이 없었다.

"조심하지 않고. 그래 손을 데지는 않았느냐?"

用人은 不宜刻이니 刻則思效者去하며
용인　　불의각　　　각즉사효자거

交友는 不宜濫이니 濫則貢諛者來니라
교우　　불의람　　　남즉공유자래

• 전집 210 •

사람을 쓸 때는 너무 각박하게 해서는 안 되니, 각박하면 충성을 바치려고 생각했던 사람이 떠나가게 된다.
사람을 사귈 때는 너무 무분별하게 해서는 안 되니, 무분별하게 하면 아첨하는 사람이 모여들게 된다.

○ 글자 풀이

宜(마땅할 의)　刻(새길 각)　效(본받을 효)　濫(넘칠 람)
貢(바칠 공)　諛(아첨할 유)

○ 단어 풀이

• 刻(각) : 각박함. 인색함.
• 效(효) : 몸바쳐서 힘써 일함.
• 濫(람) : 무분별하게 함부로 함. 분수에 넘침.
• 貢諛(공유) : 아첨함.

고사로 풀이한 채근담

옛날 옛적에

조선 중기의 임금인 선조(宣祖)는 위대한 군주로서의 도량과 자질을 충분히 갖추고 있었다. 비록 임진왜란이라는 국난을 겪기는 하였으나 수많은 인재들이 그의 조정에 나왔으므로 '성대했던 목릉(穆陵 : 선조의 능호로서, 곧 선조를 가리킴) 시대'라는 말이 생겼을 정도였다.

언젠가 그가 행차에서 돌아오던 도중에 평소에 쓰던 활을 잃어버렸다.

임금의 물건을 잃었으므로 신하들이 법석을 떨며 온 도성 안을 뒤졌다.

며칠 후에 마침내 그 활을 주운 사람을 찾아 내었다. 법을 담당하는 신하들이 그에게 크게 벌을 내리기를 청하였다. 그러자 선조는 웃으며 말했다.

"잃어버린 사람이 있으면 줍는 사람도 있게 마련이다. 내가 잃어 버리지 않았더라면 그 자가 어떻게 주울 수 있었겠느냐? 풀어 주어라."

은혜를 베풀되
보답을 바라지 말라

나쁜 짓을 하면 반드시 벌을 받는다는 것은

동서 고금을 막론하고 두루 통하는 진리이다.

반대로 생각하면 은혜도 마찬가지이다.

당장 드러나게 보답이 돌아오지 않는다고 마음을 쓸 필요는 없다.

남에게 베푼다는 것은 자기 자신의 마음이

넉넉하게 여유가 있어서이다.

그저 나의 남는 부분을 다른 사람이 유용하게 쓰고 있다고 생각하라.

남에게 베풀 때의 뿌듯한 그 마음이

벌써 선행에 대한 일종의 보답인 것이다.

我有功於人은 不可念이로되
아 유 공 어 인   불 가 념

而過則不可不念이요
이 과 즉 불 가 불 념

人有恩於我는 不可忘이로되
인 유 은 어 아   불 가 망

而怨則不可不忘이니라
이 원 즉 불 가 불 망

• 전집 051 •

내가 다른 사람에게 공이 있는 것은 생각해서는 안 되
지만 잘못은 생각하지 않아서는 안 된다.
다른 사람이 나에게 은혜가 있는 것은 잊어서는 안 되
지만 원한은 잊지 않아서는 안 된다.

◎ 글자 풀이

念(생각할 념)   忘(잊을 망)   怨(원망할 원)

◎ 단어 풀이

• 不可(불가) : ~해서는 안 됨.
• 不可不(불가불) : ~하지 않아서는 안 됨.

원한은 당한 쪽에서 잊어야만 해소되며 은혜는 베푼 쪽에서 잊어야 유감이 없는 법이다. 남에게 은혜를 베푼 사람이 항상 그 사람이 보답하지 않는 것을 염두에 둔다면 오히려 은혜를 베풀기 전보다 사이가 나빠질 것이다.

다른 사람에게 잘못하여 피해를 입힌 사람이 그 사실을 잊어버린다면 당한 쪽의 원한은 더욱 깊어질 것이다.

옛날 옛적에

청음(淸陰) 김상헌(金尙憲 1570~1652)의 손자인 김수흥(金壽興 1626~1690)이 호조 판서로 있을 때였다. 마침 박계영(朴啓榮)의 아들인 박신규(朴信圭 1631~1687)가 호조의 관리로 임명되었는데, 박계영은 병을 핑계대고 나아가지 않았다.

"옛날에 우리 아버지가 청음을 심하게 탄핵한 적이 있었다. 그 손자인 판서가 나를 제대로 대해 줄 리가 있겠는가?"

박계영이 벼슬길에 나오지 않는다는 소식을 들은 김수흥이 사람을 보내어 벼슬하기를 권했다.

"사사로이 보면 집안의 원수이니 서로 교제할 수 없을 것이다. 그러나 조정에서 뽑아서 쓰는 인재를 어찌 사사로운 감정 때문에 버려 둘 수 있겠는가?"

마침내 둘은 아무런 허물 없이 함께 공무를 보았다.

施恩者가 內不見己하고 外不見人하면
시 은 자　내 불 견 기　　외 불 견 인

則斗粟도 可當萬鍾之惠하며
즉 두 속　　가 당 만 종 지 혜

利物者가 計己之施하고 責人之報하면
이 물 자　계 기 지 시　　책 인 지 보

則百鎰이라도 難成一文之功이니라
즉 백 일　　　난 성 일 문 지 공

• 전집 052 •

은혜를 베푸는 자가 안으로 자기를 헤아리지 않고 밖
으로 상대방을 헤아리지 않는다면, 그 때는 한 말의
곡식도 만종을 베푼 은혜와 같으며,
남을 이롭게 한 자가 자기의 베푼 것을 계산하고 다른
사람의 보답을 요구한다면, 그 때는 천냥의 돈일지라
도 한 푼의 은공도 되기 어렵다.

◎ 글자 풀이

施(베풀 시)　恩(은혜 은)　斗(말 두)　粟(곡식 속)
惠(은혜 혜)　責(요구할 책)　報(갚을 보)　鎰(스물넉냥 일)

◎ 단어 풀이

· 見己(견기) : 자기를 헤아려봄. 자기가 은혜를 베푼다는
　　　　　　　생각을 가짐.
· 見人(견인) : 남이 자기의 은혜를 받고 있다는 생각을 가
　　　　　　　짐.

- 斗粟(두속) : 한 말의 곡식. 조그만 은혜를 말함.
- 萬鍾(만종) : 많은 양의 곡식. 큰 은혜를 말함.
- 物(물) : 남. 내가 아닌 다른 사물.
- 責(책) : ～하기를 요구함.
- 百鎰(백일) : 많은 돈. 일(鎰)은 스물넉 냥.
- 文(문) : 돈의 단위. 일문(一文)은 한 푼.

보답을 기대하지 않고 베풀어야 진정한 의미의 은혜라고 할 수 있는 것이다. 보답을 바라거나 자기가 베푼 것을 두고두고 생색을 낸다면 자기가 베푼 것에 비해 의미는 크지 않다. 상대에게 자기가 베푼 것 못지 않은 부담을 지워 주기 때문이다.

옛날 옛적에

불교 설화 중에 나오는 이야기이다. 어느 거지 여인이 길을 가다가 돈 두 냥을 주웠다.

"전생에 선행을 하지 못해 지금 이 고생을 하고 있으니, 내세를 위해서라도 선행을 해야겠다."

그녀는 그 돈을 절에다 시주하였다. 그러자 절의 상좌 스님이 직접 그녀를 위해 축원을 해 주었다. 축원은 보통 시중을 드는 스님에

게 시키는 것이 관례였으므로 주위에 있던 사람들은 모두 놀라지 않을 수 없었다.

그녀는 돌아오는 길에 나무 밑에서 잠이 들었는데, 마침 나라에는 왕비가 죽어 새로운 왕비를 맞이해야 했다.

왕은 점쟁이를 시켜 왕비감을 찾게 하였는데 점쟁이는 나무 밑에서 잠이 든 그녀를 지목했다.

왕이 불러다 보니, 차림새는 형편없었지만 덕이 넘치는 모습이 왕비감인지라 그녀를 왕비로 삼았다. 왕비가 되어 행복한 나날을 보내던 그녀는 생각했다.

"내가 이렇게 된 것은 동전 두 닢을 시주한 덕분이다. 은혜도 갚을 겸 이번에는 더 많은 재물을 시주하리라."

그녀는 많은 재물을 준비하여 우쭐한 기분으로 절을 찾아 시주하였다. 그런데 이번에는 상좌를 모시고 있는 스님이 축원을 해 주었다.

"아니, 스님. 전에 엽전 두 닢을 시주했을 때도 스님께서 직접 축원을 해 주시더니, 오늘은 이렇게 많은 재물을 시주하였는데 어째서 직접 축원해 주시지 않는 것입니까?"

한참을 말없이 있던 상좌 스님이 입을 열었다.

"시주는 많고 적은 것이 중요한 것이 아니라, 그 정성이 중요한 것입니다. 전에는 두 닢뿐이었지만 선한 마음이 담겨 있어서 아름다웠습니다. 그러나 지금은 온통 뽐내는 마음뿐이니 아무리 재물을 많이 시주한들 무슨 소용이 있겠습니까?"

왕비와 주변 사람들은 모두 머리를 숙였다.

舍己어든 毋處其疑하라
사 기　　　무 처 기 의

處其疑하면 即所舍之志多愧矣니라
처 기 의　　　즉 소 사 지 지 다 괴 의

施人커든 毋責其報하라
시 인　　　무 책 기 보

責其報하면 併所施之心俱非矣니라
책 기 보　　　병 소 시 지 심 구 비 의

• 전집 089 •

자신을 바치기로 했으면 의심하는 마음을 가지지 말라. 의심하는 마음을 가지게 되면 곧 자신을 바치기로 했던 뜻이 매우 부끄럽게 될 것이다.
남에게 베풀기로 했으면 갚기를 요구하지 말라. 갚기를 요구하면 베풀어 준 마음까지도 모두 그르치게 될 것이다.

◎ 글자 풀이

舍(버릴 사)　　疑(의심할 의)　　愧(부끄러울 괴)　報(갚을 보)
併(아우를 병)　　俱(함께 구)

◎ 단어 풀이

• 疑(의) : 의심함. 주저하거나 이리저리 잼.
• 舍己(사기) : 남을 위해 자신을 희생함.
• 責(책) : ~하기를 요구함.

옛날 옛적에

율곡(栗谷) 이이(李珥 1536~1584)가 대간으로 있을 때였다. 어느 날 율곡이

"임금께서 내가 간언하는 말을 들어 주지 않으니, 그 자리에 있을 수 없다."

하고는 즉시 사직하는 소를 올리고 물러 나왔다.

　임금이 다시 조정에 나오기를 간곡하게 명하였으나, 망설이면서 나가지 않았다.

　당시에 그의 사랑방에는 항상 많은 명사들이 모여 있었는데, 모두들 율곡에게

"병을 핑계대고 나가지 말아야 합니다."

고 권하니, 율곡이 이를 따르려고 하였다.

　토정(土亭) 이지함(李芝菡 1517~1578)이 마침 그 자리에 왔다가 큰 소리로 말했다.

"옛날의 성현들은 무슨 심술로 후생들에게 이런 몹쓸 시범을 보이셨던고?"

모였던 사람들이 어리둥절하여 그를 바라보자 토정이 말하였다.

"옛날 성현이신 공자와 맹자가 제후들의 부름에 응하지 않았을 때도 모두 병을 핑계대었었소. 그 때문에 후세의 선비들이 그 일을 본받아 걸핏하면 병을 핑계로 대는 것이니, 어찌 성현이 폐단을 낳은 것이 아니겠는가?"

모여 있던 사람들이 모두 무안해하였다.

인물

이이 : 조선 선조(宣祖) 때의 문신이자 학자. 아명은 현룡(見龍). 자는 숙헌(叔獻). 호는 율곡(栗谷)·석담(石潭)·우재(愚齋). 시호는 문성(文成). 본관은 덕수(德水). 성리학에 조예가 깊어 이황(李滉)과 더불어 조선조 성리학의 쌍벽을 이루고 있다. 저서에 《율곡전서(栗谷全書)》《성학집요(聖學輯要)》《격몽요결(擊蒙要訣)》 등이 있다.

怨因德彰하나니
원 인 덕 창

故로 使人德我론 不若德怨之兩忘이요
고　　사 인 덕 아　　불 약 덕 원 지 양 망

仇因恩立하나니
구 인 은 립

故로 使人知恩으론 不若恩仇之俱泯이니라
고　　사 인 지 은　　불 약 은 구 지 구 민

· 전집 108 ·

원망은 덕으로 인해 드러난다. 그러므로 다른 사람이
나에게 고마워하게 하기보다는 덕과 원망 모두를 잊어
버리는 것이 낫다.
원수는 은혜로 인해 생겨난다. 그러므로 다른 사람이
나의 은혜를 알게 하기보다는 은혜와 원수 모두를 묻
어 버리는 것이 낫다.

◉ 글자 풀이

怨(원한 원)　　彰(드러날 창)　　仇(원수 구)　　因(인할 인)
恩(은혜 은)　　泯(다할 민)

◉ 단어 풀이

· 俱泯(구민) : 모두 없어지게 함.

해설

    남에게 베풀면서 사심을 가지게 되면 자기가 베푼 것에 대한 보답을 바라거나 생색을 내게 된다. 그렇게 되면 상대방의 반감과 원망을 사게 되고, 자칫하면 자신의 선행이 무의미하게 될 수도 있다. 그렇게 될 바에는 차라리 베풀지 않는 것이 낫다.

옛날 옛적에

어느 나라의 임금이 사대부들을 불러 잔치를 벌였다. 식사 때가 되어 각자에게 양고기 국을 나누어 주었는데 마침 한 신하에게는 그 몫이 돌아가지 않았다.

그 신하는 이에 원한을 품고 이웃 나라의 임금을 부추겨 전쟁을 일으키게 했다.

이웃 나라는 군사력이 강성하였으므로 변변히 싸워 보지도 못한 채 곧 쫓겨서 도망칠 수밖에 없었다.

여러 날을 도망치다 보니 따르던 신하들의 수는 눈에 띄게 줄어들었다.

실의에 찬 임금이 따르는 신하들을 돌아보는데 평소에 보지 못하던 두 명의 장정이 뒤를 따르며 지켜 주고 있었다. 임금이 그들에게 물었다.

"너희들은 어째서 나를 따르고 있느냐?"

그들 중의 한 사람이 임금의 앞으로 나왔다.

"아비의 유언을 지키기 위해서입니다. 저희 둘은 형제입니다."
"유언이라니?"
그는 잠시 비장한 표정을 짓더니 대답하였다.
"저희 아비가 생전에 굶어죽을 처지에 놓인 적이 있었는데, 그 때 다행히 왕께서 보시고 식은 밥을 내려 주셔서 살아날 수 있었습니다. 그 후 임종을 앞두고 유언을 하였는데, 임금에게 무슨 일이 생기게 되면 죽음으로써 보답하라는 것이었습니다."
그 말을 들은 임금은 하늘을 향해 길게 한숨을 내쉬었다.
"아아, 내가 한 사발 정도의 양고기 국물 때문에 나라를 망하게 하였더니, 이제 한 그릇의 식은 밥으로 인해 두 사람의 용사를 얻는구나. 양이 많고 적음이 문제가 아니로다. 사소한 것이라도 마음을 상하게 하지 않으면 원한이 없을 것이고 절실할 때 베풀면 고마워하는 것을……."

謹德은 須謹於至微之事하며
근덕   수 근 어 지 미 지 사

施恩은 務施於不報之人하라
시 은   무 시 어 불 보 지 인

• 전집 156 •

덕을 삼갈 때는 모름지기 아주 작은 일에서부터 삼가
며, 은혜를 베풀 때는 보답을 하기 어려운 사람에게
베풀도록 힘쓰라.

◇ 글자 풀이

謹(삼갈 근)   須(모름지기 수) 微(미세할 미)   施(베풀 시)
務(힘쓸 무)   報(갚을 보)

◇ 단어 풀이

• 謹德(근덕) : 덕을 삼감.
• 不報之人(불보지인) : 은혜를 갚을 능력이 없는 사람.

옛날 옛적에

광해군 때에 좌의정을 지낸 정창연(鄭昌衍 1552~1636)은 공정
하기로 이름이 높았다. 광해군 때는 여러 사람이 연루되어 목
숨을 잃는 큰 옥사가 많이 있었는데 그럴 때마다 임금은 그에게 자
문을 구했었다. 중전인 유씨가 그의 생질녀였고 정승의 자리에 있었
으므로 그를 믿었기 때문이었다.

  그는 연루된 사람에게 억울한 점이 있다고 판단되면 신분을 가리
지 않고 애써 변론해 주었다. 그로 인해 살아난 사람이 상당히 많았
으나, 아무도 그로 인해 살아났다는 것을 알지 못했다. 집안에서조
차 그런 일이 있었음을 내색하지 않았기 때문에 자제들도 그가 누구
를 살려 주었는지 몰랐다.

  이웃에 사는 최유원(崔有源 1561~1614)이 그 사실을 알고 다른
사람들에게 늘 말했다.

  "남에게 큰 덕을 입히고도 그에게 생색을 내려고 하지 않은 이가
몇이나 될까? 나는 오직 정상공 한 분밖에는 보지 못했노라."

爲善에 不見其益은 如草裡東瓜하여 自應暗長하며
위선 　 불견기익 　 여초리동과 　 자응암장

爲惡에 不見其損은 如庭前春雪하여 當必潛消니라
위악 　 불견기손 　 여정전춘설 　 당필잠소

• 전집 164 •

선을 행함에 그 이익이 드러나지 않는 것은 풀 속의
동아와 같아서 모르는 가운데 저절로 자라나며
악을 행함에 그 손해가 드러나지 않는 것은 뜰 앞의
봄눈과 같아서 반드시 모르는 사이에 소멸되느니라.

글자 풀이

益(이익 익)　　裡(속 리)　　瓜(오이 과)　　應(응할 응)
暗(어두울 암)　損(손해 손)　庭(뜰 정)　　雪(눈 설)
潛(잠길 잠)　　消(사라질 소)

단어 풀이

· 東瓜(동과) : 동아. 박과의 줄기식물.
· 暗長(암장) : (이익이) 느끼지 못하는 사이에 조금씩 늘어
　　　　　　　남.
· 潛消(잠소) : (손해가) 느끼지 못하는 사이에 조금씩 커
　　　　　　　짐.

무슨 일이든 조급하게 그 성과를 바라서는 안 된다. 특히 눈에 보이지 않는 도덕적인 행위는 그 결과가 쉽게 드러나지 않을 수 있다. 물론 보답을 기대하고 선행을 하거나 손해가 보이지 않는다고 악행을 해서는 안 되겠지만, 뿌린 대로 거둔다는 말이 변함없는 진리라는 것은 분명히 알아야 할 것이다.

옛날 옛적에

상진(尚震 1493~1564)은 조선조 명종 때의 명재상이다. 젊었을 때였다. 문득 자신의 평생 운수가 어떠한지 궁금해진 그는 당시에 용하기로 소문난 홍계관이라는 점쟁이를 불렀다. 홍계관이 평생 운세를 적어 주었는데, 평생을 살아가는 동안 길흉화복이 거기에 적힌 것과 조금도 어긋난 점이 없었다.

그는 자신이 죽는다는 해가 되어 미리 죽음을 맞을 준비를 하고 기다렸으나, 그 해가 다 지나도록 탈이 없었다. 홍계관은 마침 일이 있어 호남에 가 있었는데 그 소식을 듣고 서울로 오는 길에 공을 찾아 인사하였다.

"자네 말을 믿고 죽을 날만 기다리고 있었는데, 어째서 맞지 않는가?"

홍계관이 말하였다.

"대감이 타고나신 명수를 보면 틀림없이 올해가 돌아가실 해입니다. 그러나 옛날 사람들 중에는 음덕을 쌓아 수명이 연장된 이가 많으니, 대감께서도 그런 일이 있었을 것입니다."

상진이 한참 동안 생각을 하더니 말을 꺼냈다.

"부덕한 내가 음덕을 쌓았을 리가 있겠는가? 다만 이런 일은 있었네. 내가 전에 조정의 하급 관원으로 있을 때의 일이지. 퇴근하여 집으로 돌아오는데, 길가에 붉은 보자기가 떨어져 있길래 주워 보니, 순금으로 된 잔 한 쌍이 속에 쌓여 있었네. 그 이튿날 대궐 앞에 '아무 날에 물건을 잃어버린 자는 나를 찾아오라.' 고 방을 붙였더니, 대전 수라간의 별감이 찾아왔었네. 조카의 혼인이 있어 몰래 주방의 금잔을 빌려 내왔다가 잃어버렸다고 하면서 혹시 그 잔이 아니냐고 물었지. 내가 그렇다고 하며 잔을 내어 주자 그는 죽었다 살아난 사람처럼 기뻐서 어쩔 줄 모르더군."

"그럼 그렇지."

듣고 있던 홍계관이 무릎을 치며 말하였다.

"대감의 수명이 연장된 것은 바로 그 일 때문입니다."

인물

상진 : 조선 명종(明宗) 때의 명재상. 자는 기부(起夫). 호는 송현(松峴) · 범허재(泛虛齋) · 향일당(嚮日堂). 시호는 성안(成安). 본관은 목천(木川). 15년간 재상의 자리에 있으면서 덕으로 처신하여 아무도 헐뜯는 이가 없었다.

爲惡而畏人知_{하면} 惡中_에 猶有善路_요
위 악 이 외 인 지　　　악 중　　유 유 선 로

爲善而急人知_{하면} 善處_가 卽是惡根_{이니라}
위 선 이 급 인 지　　　선 처　　즉 시 악 근

• 전집 067 •

악을 행하면서 다른 사람이 알까 두려워한다면 악한
중에서도 그나마 착하게 될 수 있는 길이 있는 것이고
선을 행하면서 다른 사람이 알도록 하기에 급급하다면
그 선한 면이 곧 악의 뿌리이니라.

○ 글자 풀이

畏(두려워할 외)　　猶(오히려 유)　　路(길 로)　　急(급할 급)
卽(곧 즉)　　　　　根(뿌리 근)

○ 단어 풀이

• 善路(선로) : 착하게 될 수 있는 단서.
• 急人知(급인지) : 남이 나의 선행을 알도록 하기에 급급
　　　　　　　　　함.
• 善處(선처) : 선한 부분.

　악행을 일삼는 소인이라고 해서 반드시 나쁜 면만이 있는 것은 아니다. 자신의 행동에 대해서 떳떳하지 못한 마음을 가지고 있다면 그 사람은 언제고 다시 선한 사람이 될 가능성이 있는 사람이다. 그러나 선행을 하면서도 남에게 생색내기에 급급한 사람은 악행을 일삼는 소인보다 나을 것이 없다. 아니 오히려 더 위험한 사람이다.

　소인은 그나마 조심하는 면이 있지만 생색내기에 급급한 사람은 무슨 짓을 할지 모르기 때문이다.

옛날 옛적에

　　모재(慕齋) 김안국(金安國 1478~1543)이 자제들을 가르치며 말했다.

"오직 겸손함과 공손함이 군자의 위엄이자 덕이 되니, 너희들은 죽을 때까지 명심하도록 해라. 너희들은 내가 오만하게 남을 대하거나 남의 과실을 말하는 것을 한 번이라도 본 적이 있느냐? 차라리 죽을지언정 나는 내 자손들에게 이런 행실이 있다는 말을 듣고 싶지는 않다."

집착이 너무 지나치면
일을 그르칠 수도 있다

바다 낚시나 릴 낚시를 해 본 사람들은

물고기가 걸렸을 때 무조건 줄을 잡아당기지 않는다.

어느 정도 잡아당겼다가는 다시 풀어 주고 또 잡아당긴다.

바다나 호수의 물고기들은 모두 대형 어종이라

힘이 좋기 때문에 물고기가 지칠 때까지

이런 일을 반복하지 않으면 잡을 수가 없다.

인생사도 마찬가지다.

너무 집요하게 매달린다고만 해서 일이 이루어지는 것은 아니다.

일이 뜻대로 되지 않을 때는 손해가 되더라도 물러설 줄 알아야 한다.

때로는 한 걸음 물러서는 것이 한 걸음 더 나아가는 것이 될 수도 있는 것이다.

放得功名富貴之心下라야 便可脱凡이요
방 득 공 명 부 귀 지 심 하　　　변 가 탈 범

放得道德仁義之心下라야 便可入聖이니라
방 득 도 덕 인 의 지 심 하　　　변 가 입 성

· 전집 033 ·

공명과 부귀에 대한 마음을 풀어 놓아야 속된 경지를
벗어날 수 있으며
도덕과 인의에 대한 마음을 풀어 놓아야 성인의 경지
에 들 수 있느니라.

◎ 글자 풀이

脫(벗을 탈)　　凡(무릇 범)　　德(덕 덕)　　仁(어질 인)
義(옳을 의)　　聖(성스러울 성)

◎ 단어 풀이

· 放得~下(방득~하) : ~을 풀어 놓음. 집착하지 않음.
· 脫凡(탈범) : 속세의 티를 벗어남.

해설

　무엇이 되고자 하면 우선 무엇이 되고자 하는 의도를 버려야 한다. 성인은 타고난 본래의 깨끗한 성품을 그대로 보존하여 인격이 훌륭하게 갖추어진 사람을 말한다. 즉 인의나 도덕이 뛰어난 사람인 것이다. 그러나 그 성인에 이르는 경지는 결코 인의나 도덕으로 얽매인 사람이 밟을 수 있는 곳이 아니다. 인의나 도덕이 아무리 훌륭한 개념이라고 하더라도 실상은 마음을 바로잡기 위한 하나의 속박일 뿐이기 때문이다.

　해탈의 경지에 이르려면 이런 모든 속박에서 자유로워야 하는 것이다.

옛날 옛적에

　수양이 깊고 학문이 높기로 유명한 성직자가 있었다. 어느 날 제자와 함께 큰 개울가를 지나던 중에 한 젊은 여인이 물을 건너지 못하고 서성이고 있는 것을 보았다. 성직자는 주저하지 않고 다가가 그 여인을 안고서 건네 주었다.

　저녁 무렵 사원으로 돌아오게 되자 제자는 불만 섞인 얼굴로 스승에게 물었다.

　"어떻게 된 것입니까? 여색을 멀리하라는 성인의 가르침을 스승님은 잊으셨습니까?"

　성직자는 안타까운 표정으로 제자를 돌아보았다.

　"나는 이미 그 여인을 내려놓은 지 오래 되었는데, 너는 어째서 아직까지 안고 있느냐?"

고사로 풀이한 채근담　**195**

狐眠敗砌하고 兔走荒臺하니 盡是當年歌舞之地요
호 면 패 체　　　토 주 황 대　　　진 시 당 년 가 무 지 지

露冷黃花하고 烟迷衰草하니 悉屬舊時爭戰之場이니
노 랭 황 화　　　연 미 쇠 초　　　실 속 구 시 쟁 전 지 장

盛衰何常이며 強弱安在리요 念此면 令人心灰로다
성 쇠 하 상　　　강 약 안 재　　　염 차　　영 인 심 회

· 전집 069 ·

여우가 무너진 섬돌에서 잠자고 토끼가 황폐한 누대
위를 달리니 그 곳은 모두 당시에 노래하고 춤추던 곳
이요, 이슬이 국화에 내려 차고 안개가 시든 풀에 자
욱하니 모두 옛날에 다투고 싸우던 곳이다.
그러니 성하고 쇠하는 것이 어찌 영원하겠으며 강하고
약한 것이 어디에 있을 것인가? 이것을 생각하면 마
음이 서늘해진다.

◉ 글자 풀이

狐(여우 호)	眠(잠잘 면)	敗(무너질 패)	砌(섬돌 체)
兔(토끼 토)	荒(황폐할 황)	臺(누대 대)	舞(춤출 무)
冷(찰 랭)	烟(연기 연)	迷(미혹할 미)	衰(쇠할 쇠)
悉(다 실)	屬(속할 속)	舊(옛 구)	戰(싸움 전)
場(마당 장)	念(생각할 념)	灰(재 회)	

敗砌(패체) : 허물어진 섬돌.

當年(당년) : 당시.

黃花(황화) : 국화.

令人(영인) : 사람으로 하여금 ~하게 함.

해설

우물 안 개구리에게는 우물 입구로 보이는 것이 하늘의 전부이다. 인생의 모든 일들도 마찬가지이다.

좀더 넓고 긴 안목을 가지고 그 이해 관계를 벗어나서 보면 모두가 부질없는 것이 된다.

지금까지 전해지는 무수한 역사의 교훈들은 모두 이것을 일깨우고 있다.

그러나 사람들은 알면서도 벗어나지 못한다.

옛날 옛적에

역사의 현장은 언제나 사람들에게 무한한 감회를 제공한다. 고려 말의 유명한 문인이자 학자인 목은(牧隱) 이색(李穡)은 고구려의 옛 도읍지에 있는 한 누대에 올라 다음과 같이 읊었다.

어제 영명사에 들렀다가
잠시 부벽루에 올랐네.
빈 성엔 한 조각 달 떠 있고
늙은 바위엔 구름만 영원하다.
인마(麟馬)는 가서 돌아오지 않으니
천손(天孫)은 어디에서 노니는지
긴 휘파람 불며 풍등(風磴)에 기대어 보니
산은 푸르고 강물은 흐르고

  昨過永明寺 暫登浮碧樓 城空月一片 石老雲千秋
  麟馬去不返 天孫何處遊 長嘯倚風磴 山淸江自流

  인마는 전설 속에 나오는 동물로 이 동물이 보이면 성군(聖君)이
난다고 했다.
  천손은 고구려의 시조인 동명성왕(東明聖王)을 가리키며 풍등은
돌로 만든 무지개 다리이다.
  역사 속으로 사라진 고구려의 옛 자취라고는 빈 성곽뿐인 상황을
영원성을 지닌 자연과 대조시킴으로써 무한한 감회를 자아내는 이
시는 옛날부터 만고의 절창으로 평가받고 있다.

人肯當下休면 便當下了하라 若要尋個歇處면
인 궁 당 하 휴   변 당 하 료   약 요 심 개 헐 처

則婚嫁雖完이라도 事亦不少요
즉 혼 가 수 완   사 역 불 소

僧道雖好라도 心亦不了니라
승 도 수 호   심 역 불 료

前人云호대 如今休去면 便休去하라
전 인 운   여 금 휴 거   변 휴 거

若覓了時면 無了時라 하니 見之卓矣로다
약 멱 료 시   무 료 시   견 지 탁 의

• 후집 015 •

지금 쉬고 싶은 뜻이 있으면 바로 쉬도록 하라. 만약
일이 끝난 뒤에 쉬기로 할 것 같으면 혼사가 비록 완
전히 끝났더라도 남은 일이 또한 적지 않을 것이고 스
님의 참선하는 도가 비록 좋더라도 마음을 또한 가라
앉힐 수 없을 것이다.
옛사람이 이르기를,
"이제 쉴 것 같으면 바로 쉬도록 하라. 만약 그 일이
끝날 때를 기다린다면 끝날 때가 없을 것이다."
하였으니, 탁월한 식견이로다.

◎ 글자 풀이

肯(긍정할 긍)   休(쉴 휴)   了(마칠 료)   尋(찾을 심)

個(낱 개)	歇(쉴 헐)	婚(혼인할 혼)	嫁(시집갈 가)
僧(중 승)	覓(찾을 멱)	卓(높을 탁)	

◎ 단어 풀이

• 當下(당하) : 그 시점에서. 당장.
• 歇處(헐처) : 쉴 곳. 은퇴하는 것.
• 前人(전인) : 고인.
• 了時(요시) : 끝날 때.

해설

　오늘 이 순간은 두 번 다시 오지 않는다. 한 번 결심을 했으면 현실을 과감히 벗어 던지고 그대로 쉬는 것이 좋다. 이것저것 망설이면서 미루다 보면 영영 쉴 기회를 놓치고 만다.
　길고 긴 인생에서 오직 그 한 가지 일만이 있는 것은 아니기 때문이다.

옛날 옛적에

조선 초기의 문신인 어변갑(魚變甲 1380~1434)이 집현전(集賢殿) 학사(學士)로 뽑혀 들어가게 되었다. 그는 매번

"임금을 섬기는 날이 길어질수록 어버이를 섬기는 날이 짧아진다."

고 탄식하였다. 그는 친하게 지내던 동료인 신장(申檣 ?~1433)과 약속하기를,

"우리는 임금을 섬길 때는 충성을 다하되, 어느 정도 뜻을 이루게 되면 고향으로 돌아가 어버이를 봉양하도록 하세."

하였다. 그는 얼마 뒤 허리 아랫부분에 병이 생기자 치료를 핑계로 즉시 사직을 하고 고향으로 돌아갔다.

후에 참판(參判)이 된 신장이 그의 아들 어효첨(魚孝瞻 1405~1475)을 보고 말하였다.

"내가 지난날 자네 어른과 약속한 것이 있네. 자네 어른은 곧 마음을 정하고 돌아갔는데, 나는 아직도 그 약속을 지키지 못하고 얽매여 있으니, 부끄럽기 짝이 없네."

建功立業者는 多虛圓之士하며
건 공 입 업 자   다 허 원 지 사

僨事失機者는 必執拗之人이니라
분 사 실 기 자   필 집 요 지 인

• 전집 197 •

공을 세우고 사업을 이루는 자는 대부분 허심탄회한
사람이며, 일을 그르치고 기회를 잃는 자는 반드시 집
요한 사람이니라.

◎ 글자 풀이

建(세울 건)   虛(빌 허)   圓(둥글 원)   僨(넘어질 분)
機(틀 기)   拗(꺾을 요)

◎ 단어 풀이

• 虛圓(허원) : 허심탄회하고 원만함.
• 僨事(분사) : 일을 그르침.
• 失機(실기) : 기회를 잃음.

해설

　바둑의 중요한 전술 중의 하나는 사석(捨石) 작전이다. 사석 작전은 다른 부분에서 더 큰 이익을 얻기 위해 거짓으로 현재의 자기 돌 몇 점을 과감히 잡혀 주는 것을 말한다. 작은 이익에 집착하는 사람은 이 돌 몇 점을 버리지 못하여 바둑을 유리하게 이끌 수 있는 기회를 놓치곤 한다. 마음을 느긋하게 먹고 멀리까지 내다보는 지혜가 필요한 것이다.

옛날 옛적에

　중국 한(漢)나라 때의 장량(張良)은 자방(子房)이라는 자(字)로 더 많이 알려져 있는 당대 최고의 책사(策士)였다. 그는 한나라 고조(高祖)인 유방(劉邦)을 도와 한나라를 건국하는 데 큰 공을 세워, 후에 유후(留侯)라는 제후에 봉해졌다. 그런 그가 어느 날 갑자기 소를 올려 은퇴하기를 청하였다.

　"저는 이제 더 이상 바랄 것이 없으니, 신선이나 따라다니면서 살겠습니다."

　사람들은 그가 왜 갑자기 은퇴하려고 청하는지를 몰랐다. 그러나 뒷날 한창 기세를 떨치던 개국 공신들이 차례차례 제거되는 것을 보고서야 무릎을 치면서 탄복했다.

　"과연 자방이로다. 남들처럼 공을 다투고 위세를 부렸더라면 제 명을 부지하기 어려웠을 것을……."

고사로 풀이한 채근담

한 걸음 물러서서 양보하라
돌아가는 것이 늦는 것이 아니니라

인생은 신호등이 없는 사거리에서 차량들이 얽혀 있는 것과 같다.

서로 먼저 가기 위해 옥신각신하다 보면

결국 차는 꼼짝도 못하고 길에서 시간을 보내야 한다.

만약 서로 조금씩 양보하여 한 대씩 교대로 지나간다면

당장은 조금 늦을지 몰라도 결과적으로는 시간을 크게 단축하게 될 것이다.

세상은 혼자서 살아가는 것이 아니다.

모두들 치열하게 자신의 미래를 개척하면서 살아가고 있다.

이럴 때 한 발짝씩 뒤로 물러서는 지혜를 발휘한다면

한층 더 즐거운 인생을 향유할 수 있을 것이다.

人情은 反復하며 世路는 崎嶇로다
인정　반복　　세로　기구

行不去處엔 須知退一步之法하며
행불거처　수지퇴일보지법

行得去處엔 務加讓三分之功하라
행득거처　무가양삼분지공

• 전집 035 •

인정은 자주 변하며 세상은 험난하다. 가기 어려운 곳
에서는 반드시 한 걸음 물러서는 법을 알아야 하고 쉽
게 갈 수 있는 곳에서는 힘써 삼분을 양보하는 노력을
더하라.

◎ 글자 풀이

崎(험할 기)　　嶇(험할 구)　　須(모름지기 수)　退(물러날 퇴)
步(걸음 보)　　讓(사양할 양)

◎ 단어 풀이

• 反復(반복) : (세상 인심이) 자주 변함.
• 崎嶇(기구) : 험난함.
• 行不去處(행불거처) : 걸음이 더 이상 나아갈 수 없는 곳.

　세상의 인심은 예측하기가 어렵다. 어제의 동지가 언제 다시 나의 적이 될지 모를 일이다.

　자기의 능력이 미치지 못하는 것에 대해서는 너무 집착하여 다투지 말며, 자기의 능력이 남는 것에 대해서는 다른 사람에게 적절하게 양보하도록 하라.

　그것이 험한 세상을 순조롭게 살아가는 하나의 훌륭한 방법이다.

옛날 옛적에

한음(漢陰) 이덕형(李德馨 1561~1613)은 평소에 몸을 삼가고 겸손하여 사람들에게 신망을 얻고 있었다.

　그는 몇 번의 시험에서 번번히 장원을 할 정도로 문장도 뛰어났었다.

　어느 날 임금이 문신들에게 정시를 보이게 하였는데, 동료 벼슬아치들이 수군거렸다.

　"내일 과거 시험에도 한음이 장원을 하겠군."

　이 말을 전해 들은 한음은 몸이 아프다는 핑계를 대고 시험에 응하지 않았다.

　나중에 조정의 동료들이 그 사실을 알고 모두들 탄복했다.

　"참으로 큰 인물이로구나."

인물

이덕형 : 조선 선조(宣祖) 때의 문신. 자는 명보(明甫). 호는 한음(漢陰)·
쌍송(雙松)·포옹산인(抱雍散人). 시호는 문익(文翼). 본관은 광
주(廣州). 문장에 능했으며 임진왜란을 전후하여 외교적으로 수
완을 발휘하여 많은 공을 세웠다. 저서에 《한음문고(漢陰文稿)》
가 있다.

完名美節은 不宜獨任이니
완 명 미 절　불 의 독 임

分些與人이라야 可以遠害全身이요
분 사 여 인　　가 이 원 해 전 신

辱行汚名은 不宜全推니
욕 행 오 명　불 의 전 추

引些歸己라야 可以韜光養德하리라
인 사 귀 기　　가 이 온 광 양 덕

• 전집 019 •

완전한 명예와 아름다운 절개는 홀로 차지해서는 안
되니, 남에게 조금이라도 나누어 주어야 해를 멀리하
고 몸을 온전히 할 수 있을 것이다.
욕된 행동과 더러운 이름은 전적으로 남에게 미루어서
는 안 되니, 조금이나마 자신에게 허물을 돌려야 빛을
감추고 덕을 기를 수 있을 것이다.

◎ 글자 풀이

任(맡길 임)　　些(적을 사)　　遠(멀 원)　　辱(욕될 욕)
汚(더러울 오)　推(밀 추)　　歸(돌아갈 귀)　韜(감출 온)
養(기를 양)

* 完名(완명) : 완전한 이름. 명예.
* 獨任(독임) : 홀로 차지함.
* 全推(전추) : 완전히 남에게 미룸.
* 韜光(온광) : 빛나는 재주를 숨김.

해설

공이 있는 곳에는 상이 따르게 마련이다. 그리고 상을 분배하는 과정에서 반드시 시기하고 원망하는 무리가 생기게 된다. 설사 자신이 홀로 공을 세웠더라도 혼자서 상을 독차지하면 그러한 무리들에게 해를 입을 가능성이 크다.

오명을 쓰는 것은 누구나 싫어한다. 그리고 자신이 오명을 쓰게 되면 오명을 쓰지 않은 다른 사람을 원망하게 마련이다. 그러므로 일이 잘못되었을 때 전적으로 다른 사람에게 책임을 미루는 것은 자신을 온전히 보전하는 데 있어서 현명하지 못한 방법인 것이다.

옛날 옛적에

임 진왜란(壬辰倭亂)이 일어나자 명(明)나라에서는 조선을 돕기 위해 원병을 파견하였는데, 그들은 이렇다 할 전승도 없이 생색을 내기에 급급하여 사사건건 시비를 걸고 트집을 잡았다.

수군은 도독(都督)인 진린(陳璘)이 담당하였는데, 항상 이순신 장군이 지휘하는 부대보다 성과가 적었다.

　이순신 장군은 전투 때마다 노획한 적의 머리 중 일부를 그에게 주어 공을 함께 나누었다.

　그 때문에 진 도독도 함부로 트집을 잡지 못하였으며, 나중에는 진심으로 감복하여 조선의 수군을 돕는 데 협조를 아끼지 않았다고 한다.

徑路窄處는 留一步하여 與人行하며
경로 착 처   유일보   여인행

滋味濃的은 減三分하여 讓人嗜하라
자미농적   감삼분   양인기

此是涉世의 一極安樂法이니라
차시섭세   일극안락법

• 전집 013 •

좁은 길에서는 일보를 양보하여 다른 사람이 먼저 지
나가게 하며 음식 맛이 좋은 것은 삼분을 덜어서 다른
사람에게 양보하라. 이것이 세상을 살아가는 하나의
극히 안락한 방법이니라.

글자 풀이

徑(지름길 경)   窄(좁을 착)   留(머무를 류)   滋(불을 자)

濃(짙을 농)   減(덜 감)   讓(사양할 양)   嗜(즐길 기)

涉(건널 섭)   極(지극할 극)

단어 풀이

* 徑路(경로) : 샛길.
* 與人行(여인행) : 다른 사람이 갈 수 있도록 허락함. 비켜
  줌.
* 涉世(섭세) : 세상을 살아감.

옛날 옛적에

중국의 전국 시대(戰國時代) 때 조(趙)나라의 인상여(藺相如)는 강국이던 진(秦)나라를 여러 차례 굴복시켜 공로가 매우 컸으므로 상경(上卿)이라는 높은 벼슬에 임명되었다. 그 때 조나라에는 염파(廉頗)라는 유명한 장수가 있었는데, 상경의 지위는 염파보다 높은 자리였다.

　염파는 사람을 만날 때마다

　"나보다 공이 적은 인상여가 나보다 높은 자리에 오르다니. 내 그를 만나면 반드시 욕을 보이리라."

고 공공연히 이야기하고 다녔다. 인상여는 그 말을 전해 듣고 그를 만나지 않기 위해 그가 다니는 길을 피해 다니고 혹시라도 조정에서 마주치게 되면 병을 핑계로 나와 버렸다. 그러자 인상여의 수하에 있던 사람들이 불만을 터뜨렸다.

"하찮은 일반 사람들도 그렇게 하는 것을 부끄럽게 여기는데, 하물며 정승의 지위에 계시는 분이 아닙니까? 저희들은 물러가겠습니다."

인상여는 그들을 말리며 말했다.

"자네들이 보기에는 염파가 진나라 왕에 비해 그 위세가 어떻다고 생각하는가?"

"당연히 진나라 왕에 미치지 못하지요."

"그렇다면 진나라 왕의 위세도 꺾어 버린 내가 염파 장군을 두려워하겠는가? 진나라가 우리를 두려워하는 것은 나와 염파 장군이 있기 때문이네. 우리가 싸운다면 둘 중 하나는 살아남지 못할 텐데, 그러면 어떻게 되겠는가? 내가 이렇게 하는 것은 바로 그 때문일세. 나라를 위해 사사로운 감정은 뒤로 미룬 것이지."

그 말을 전해 들은 염파 장군은 회초리를 짊어지고 인상여의 집으로 갔다.

"못난 제가 장군의 깊은 속을 알지 못했습니다. 벌을 내려 주십시오."

마침내 그 둘은 서로 생사를 함께 할 친구가 되었다.

處世엔 讓一步爲高니 退步는 卽進步的張本이요
처세 양일보위고 퇴보 즉진보적장본

待人엔 寬一分是福이니 利人은 實利己的根基니라
대인 관일분시복 이인 실이기적근기

처세에는 한 걸음 양보하는 것을 높이 치니, 한 걸음
물러서는 것은 곧 한 걸음 나아가는 근본이 된다.
다른 사람을 대할 때는 일분을 너그럽게 하는 것이 복
이니, 다른 사람을 이롭게 하는 것은 실로 자기를 이
롭게 하는 토대이다.

글자 풀이

讓(양보할 양)   退(물러날 퇴)   卽(곧 즉)   進(나아갈 진)
張(베풀 장)   寬(너그러울 관)   利(이로울 리)   實(열매 실)
根(뿌리 근)   基(터 기)

단어 풀이

・ 張本(장본) : 근본.
・ 根基(근기) : 토대. 바탕.

해설

　개구리는 멀리 뛰기 위해 몸을 움츠리고 새는 멀리 날아가기 위해 깃을 접는다. 한 걸음 물러서는 것이 당장에는 손해인 것처럼 보이지만 보다 먼 곳을 향해 나아가는 밑거름이 된다는 것을 알아야 할 것이다.

　내가 다른 사람에게 베풀면 그 사람도 다른 사람에게 베풀게 되고 그것이 점차로 퍼지게 되면 결국 자신에게 은택이 돌아오게 되어 있다. 이기적인 사람을 보면서 뒤쳐지는 것 같아 조바심을 낼 필요는 없다. 이기적인 사람은 다른 사람들의 따돌림을 받아 스스로 도태되어 갈 것이기 때문이다.

옛날 옛적에

아계(鵝溪) 이산해(李山海 1538~1609)가 오래도록 이조 판서를 맡고 있을 때였다. 어느 날 경연에서 한 신하가 아뢰었다.

"한 사람이 너무 오랫동안 이조 판서로 있게 되면 권력이 편중될 수도 있습니다."

아계를 신임하고 있던 임금은 크게 노하여 말하였다.

"그대는 이조 판서가 나의 오른팔인 줄을 모르고 그런 말을 하느냐?"

그 후 중요한 벼슬자리가 날 때마다 아계는 그 신하를 후보로 추천하였는데, 임금이 감탄하여 말하였다.

"그 자는 경을 해롭게 하려고 하는데 경은 그를 등용하려고 하니, 경의 도량은 참으로 따를 수 없다."

爭先的徑路는 窄이니
쟁 선 적 경 로   착

退後一步하면 自寬平一步하며
퇴 후 일 보   자 관 평 일 보

濃艶的滋味는 短하나니
농 염 적 자 미   단

淸淡一分하면 自悠長一分이니라
청 담 일 분   자 유 장 일 분

• 후집 025 •

앞을 다투는 지름길은 좁나니 뒤로 한 걸음 물러나면
저절로 한 걸음만큼 넓어질 것이며,
진하고 좋은 맛은 짧나니 일분을 맑고 담박하게 하면
저절로 일분만큼 유장해질 것이다.

◎ 글자 풀이

徑(지름길 경)   窄(좁을 착)   寬(넓을 관)   濃(짙을 농)
艶(고울 염)   滋(불을 자)   淸(맑을 청)   淡(묽을 담)
悠(멀 유)

◎ 단어 풀이

• 爭先(쟁선) : 앞길을 다툼.
• 徑路(경로) : 샛길. 지름길.

- 寬平(관평) : 넓고 평탄함.
- 濃艶(농염) : 진하고 아름다움.
- 滋味(자미) : 좋은 맛.
- 悠長(유장) : 길고 오래 감.

해설

5분 뒤에는 빈 버스가 온다는 것을 알면서도 굳이 앞에 오는 만원 버스를 타는 것이 인간의 심리이다. 지나고 나서 생각하면 치열하게 다투던 삶의 순간순간이 그다지 큰 의미가 없다는 것을 알게 된다.

물러설 줄 아는 마음, 그것이 멋있고 여유 있는 인생을 가져다 줄 것이다.

옛날 옛적에

노자(老子)는 중국 역사상 가장 위대한 철학가 중의 하나이다. 상용(商容)은 노자가 존경해 마지않던 사람인데, 죽음이 임박하게 되었다.

노자가 마지막 가르침을 청했다. 상용은 자신의 입을 벌려 보이면서 말했다.

"내 이가 아직도 남아 있는가?"

"하나도 없습니다."

다시 상용이 입을 벌려 보이면서 말했다.

"내 혀는 어떤가?"

"남아 있습니다."

잠시 눈을 감고 숨을 고르던 상용이 물었다.

"무슨 뜻인지 알겠는가?"

"예, 강한 것은 먼저 없어지고 연한 것은 오래 남는다는 뜻입니다."

상용은 만족한 표정으로 눈을 감았다.

"그래, 천하의 이치가 바로 그렇다네."

역경을 회피하려 하지 말라
자기 성장의 밑거름이니라

사람의 참모습을 파악하려면

그 사람이 어려운 상황에 처했을 때를 보면 된다.

긍정적이고 적극적인 사람은 그 환경이 자신을 성장시키는

밑거름이라고 생각하고 적극적으로 맞서 나간다.

부정적인 사람은 그 상황을 해결하기 위해

노력하기보다는 자신의 처지를

비관하면서 회피하려고만 한다.

居逆境中이면 周身이 皆鍼砭藥石이라
거 역 경 중   주 신   개 침 폄 약 석

砥節礪行而不覺하고
지 절 여 행 이 불 각

處順境內면 眼前이 盡兵刃戈矛라
처 순 경 내   안 전   진 병 인 과 모

銷膏磨骨而不知니라
소 고 마 골 이 부 지

• 전집 099 •

역경 중에 처하면 몸의 주위가 모두 침이고 약인지라
깨닫지 못하는 사이에 절개를 갈고 행실을 닦게 되며,
순경 내에 처하면 눈앞의 모든 것이 칼이고 창인지라
알지 못하는 사이에 살을 녹이고 뼈를 갈아 버리게 된
다.

◎ 글자 풀이

逆(거스를 역)	境(지경 경)	周(두루 주)	鍼(침 침)
砭(돌침 폄)	藥(약 약)	砥(숫돌 지)	節(마디 절)
礪(숫돌 려)	覺(깨달을 각)	順(따를 순)	眼(눈 안)
刃(칼날 인)	戈(창 과)	矛(창 모)	銷(녹일 소)
膏(기름 고)	磨(갈 마)	骨(뼈 골)	

- 周身(주신) : 몸 주위의 환경.
- 鍼砭(침폄) : 침.
- 藥石(약석) : 약.
- 不覺(불각) : 깨닫지 못함.
- 順境(순경) : 역경의 반대. 순조로운 환경.

해설

　　너무 안일한 삶이 오래 되면 정신력이 해이해지기 쉽다. 사고나 질병은 정신력이 해이해졌을 때 발생한다. 편안함 속에서도 항상 자신을 돌아보는 것을 게을리 하지 말아야 할 것이다.

옛날 옛적에

　형　제 열매가 떡갈나무에서 떨어졌다. 형은 동생에게 말했다.
　　"큰 나무 밑으로는 가지 말아라. 그늘 때문에 잘 자랄 수 없단다."
　　그러나 동생은 큰 소나무 밑에다 자리를 정하고 싹을 틔웠다. 그 후 비바람이 치고 눈보라가 칠 때마다 동생은 형이 불쌍하다는 듯이 말했다.
　　"얼마나 고생이 심하시오? 여기는 이렇게 편안한데. 비바람도 눈보라도 저 큰 나무가 다 막아 주니 난 걱정이 없다오."

형은 비바람과 눈보라 속에서 말없이 버티고 서 있었다. 여러 해 뒤에 산에 목수와 인부들이 올라오더니 큰 소나무 앞으로 왔다.

"아, 여기 훌륭한 대들보감이 있군. 이걸 잘라서 가세."

마침내 큰 소나무는 베어지고 동생은 처음으로 비바람과 눈보라를 겪게 되었다.

"아이, 힘들어. 더 이상 버티지 못하겠는걸."

결국 견디지 못한 동생은 얼마 못 가서 죽고 말았다.

橫逆困窮은 是煆煉豪傑的一副鑪錘니
횡 역 곤 궁   시 단 련 호 걸 적 일 부 로 추

能受其煆煉이면 則心身交益하고
능 수 기 단 련   즉 심 신 교 익

不受其煆煉이면 則心身交損이니라
불 수 기 단 련   즉 심 신 교 손

• 전집 127 •

역경과 곤궁함은 호걸을 단련하는 하나의 용광로와 망치로서, 그 단련을 잘 받아들일 수 있으면 몸과 마음이 서로 유익하고 그 단련을 받아들이지 못하면 몸과 마음이 서로 손해이니라.

◎ 글자 풀이

橫(가로 횡)   逆(거스를 역)   困(곤할 곤)   窮(곤궁할 궁)
煆(쇠불릴 단) 煉(쇠불릴 련)   豪(호걸 호)   傑(뛰어날 걸)
副(버금 부)   鑪(화로 로)   錘(저울 추)   益(더할 익)
損(손해 손)

◎ 단어 풀이

· 橫逆(횡역) : 역경. 일반적인 이치에서 벗어난 상황.
· 煆煉(단련) : 대장간에서 쇠를 단단하게 하기 위해 불에 달구어 두드리는 것.
· 鑪錘(노추) : 대장장이가 쇠를 단련할 때 쓰는 도구. 용광로와 망치.
· 交(교) : 서로.

옛날 옛적에

맹 자가 말했다.

　"순(舜) 임금은 농사를 짓다가 임금이 되셨고 재상 부열(傳說)은 제방을 쌓던 인부였다. 하늘이 장차 어떤 사람에게 큰 일을 맡기시려 할 때는 반드시 먼저 그 심신을 괴롭히고 굶주리게 하며 하는 일마다 어긋나게 하니, 이것은 그의 의지를 강하게 하고 단련시켜 그 능력을 증진시켜 주고자 해서인 것이다."

君子는 處患難而不憂하고 當宴遊而惕慮하며
군자　 처환난이불우　 당연유이척'려

遇權豪而不懼하고 對惸獨而警心이니라
우권호이불구　 대경독이경심

• 전집 223 •

군자는 환난에 처해도 근심하지 않으나 즐겁게 노닐
때에는 걱정을 하며, 권세 있는 사람을 만나도 두려워
하지 않으나 불우한 사람을 대하면 안타까워 하느니
라.

◎ 글자 풀이

患(근심 환)　　 當(마땅할 당)　 宴(잔치 연)　　 遊(놀 유)

惕(두려워할 척)　 慮(생각할 려)　 遇(만날 우)　　 權(저울추 권)

豪(호걸 호)　　 懼(두려워할 구)　 對(대답할 대)　 惸(독신자 경)

獨(홀로 독)　　 警(경계할 경)

◎ 단어 풀이

• 宴遊(연유) : 즐겁게 잔치하고 노닒.

• 惕慮(척려) : 근심함.

• 權豪(권호) : 권세 있는 사람.

• 惸獨(경독) : 의지할 곳이 없는 사람.

• 警心(경심) : 마음에 경계함.

해설

　군자는 이미 드러난 환난보다는 아직 발생하지 않은 위험을 더 근심한다.

　커다란 사고나 재난은 항상 방심할 때 발생하기 때문이다.

　군자는 자신이 떳떳하므로 아무리 권세 있는 사람이라도 두려울 것이 없다. 그러나 어진 마음을 지녔으므로 불우한 사람을 만나게 되면 절로 마음이 움직이게 된다.

옛날 옛적에

　조선조 중종 때의 정승 정유길(鄭惟吉 1515~1588)이 명나라에 사신으로 가던 도중의 일이다.

　요동 평야에 이르러 수레가 진흙 속에 빠져서 이러지도 저러지도 못하게 되었는데, 갑자기 강도 떼가 몰려와 포위를 하였다.

　전부터 이 곳은 사신들이 지나다가 봉변을 당한 적이 여러 번 있었으므로 일행들이 모두 겁에 질려서 어찌할 바를 모르고 있었다. 이 때 정유길만이 수레 속에서 단정하게 앉아 요동하지 않았는데, 오랑캐들이 감동하여 서로 바라보며

　"대인이시다."

하고는 수레를 평지까지 밀어내 주고 가면서 아무런 해도 가하지 않았다.

자신을 굽혀 가면서까지
한때의 영화를 구하지 말라

부귀와 권력은 언젠가는 내 곁을 떠나게 되어 있다.

한때의 영화를 구하기 위해

자신의 자존심을 버리는 일을 해서는 안 된다.

지금 당장은 가난하고 힘이 없으므로

그렇게 한다고 해서 별다른 흠이 되지 않을 수도 있다.

그러나 언젠가 자신이 지위와 권력을 가지게 되었을 때는

지금의 무리한 행위들이

한없이 부끄러운 일이 될 것이다.

棲守道德者는 寂寞一時하고
서 수 도 덕 자　　적 막 일 시

依阿權勢者는 凄涼萬古니라
의 아 권 세 자　　처 량 만 고

達人은 觀物外之物하고 思身後之身하나니
달 인　　관 물 외 지 물　　　사 신 후 지 신

寧受一時之寂寞이언정 毋取萬古之凄涼하라
영 수 일 시 지 적 막　　　무 취 만 고 지 처 량

· 전집 001 ·

도덕을 지키며 사는 사람은 한때 적막하고 권세에 붙
좇는 사람은 만고토록 처량하다. 그러므로 깨달은 사
람은 사물의 내면을 보고 사후의 자신을 생각하나니,
차라리 한때의 적막함에 처할지언정 만고의 처량함을
취하지는 말라.

◉ 글자 풀이

棲(깃들 서)　　寂(고요할 적)　　寞(아득할 막)　　依(기댈 의)
阿(아부할 아)　　權(권세 권)　　勢(형세 세)　　凄(처량할 처)
涼(서늘할 량)　　寧(차라리 녕)

◉ 단어 풀이

· 棲守(서수) : (도덕을) 지키고 삶.
· 依阿(의아) : 의지하고 아부함.

- 物外之物(물외지물) : 사물의 외면이 아닌 내면.
- 身後之身(신후지신) : 사후의 자신. 사후의 명예.

해설

　권세는 일시적인 것으로 그 주체나 가치가 늘 변할 수 있지만 도덕은 오랜 세월이 흘러도 그 가치가 변치 않는다.
　차라리 한때 쓸쓸하게 살지언정 도덕적으로 비난받을 일은 하지 않는 것이 좋다.
　권세에 아부하여 얻은 부귀는 자신이 살아 있는 한때에 그치지만 도덕과 관련된 이름은 영원토록 지워지지 않기 때문이다.

옛날 옛적에

　연산군은 자신이 무척 아끼던 궁녀가 죽자 시름에 잠겨 당대의 문사(文士)인 이희보(李希輔 1473~1548)로 하여금 만사(挽辭 : 죽은 이를 애도하는 글)를 짓게 하였다. 이희보가 지어 올리기를,

대궐문 굳게 닫힌 어스름 달밤
하룻밤 새 님을 두고 떠날 줄이야

풀 숲 어느 곳에 옥골을 묻었느뇨.
추풍에 낙엽 지는 소리 차마 듣지 못할레라.

  金門深鎖月黃昏　一夕那知背主恩
  何許黃茅埋玉骨　秋風落葉不堪聞

하였더니, 연산군이 울면서
  "당대의 시인은 이희보가 제일이리라."
하였다.
  그는 이 시로 인해 연산군의 총애를 받았으나, 후세의 선비들에
게서는 두고두고 많은 비웃음을 받았다.

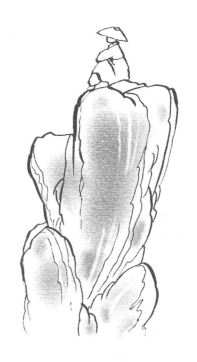

富貴名譽가
부 귀 명 예

自道德來者는 如山林中花하여 自是舒徐繁衍하고
자 도 덕 래 자   여 산 림 중 화   자 시 서 서 번 연

自功業來者는 如盆檻中花하여 便有遷徙廢興하며
자 공 업 래 자   여 분 함 중 화   변 유 천 사 폐 흥

若以權力得者는 如瓶鉢中花하여
약 이 권 력 득 자   여 병 발 중 화

其根을 不植이라 其萎를 可立而待矣니라
기 근   불 식   기 위   가 입 이 대 의

· 전집 059 ·

부귀와 명예가 도덕으로부터 온 것은 숲 속의 꽃과 같
아서 저절로 서서히 뻗어 나가고 공업으로부터 온 것
은 화분 중의 꽃과 같아서 점차로 시들게 된다. 만약
권력으로 얻은 것이라면 꽃병 속의 꽃과 같아서 뿌리
를 내릴 수 없기 때문에 그 시드는 것을 선 채로 기다
릴 수 있다.

○ 글자 풀이

譽(기릴 예)	舒(펼 서)	徐(천천히 서)	繁(많을 번)
衍(넘칠 연)	盆(동이 분)	檻(우리 함)	遷(옮길 천)
徙(옮길 사)	廢(폐할 폐)	興(흥할 흥)	權(권세 권)
瓶(병 병)	鉢(바리때 발)	植(심을 식)	萎(시들 위)

◎ 단어 풀이

- 舒徐(서서) : 천천히. 드러나지 않게.
- 繁衍(번연) : 줄기 등이 뻗어 나감. 무성해짐.
- 盆檻(분함) : 화분.
- 遷徙(천사) : 옮겨 감.
- 廢興(폐흥) : 폐망해 감. 흥(興)은 의미가 없음.
- 瓶鉢(병발) : 꽃병.
- 立而待(입이대) : 그 자리에 선 채로 기다릴 수 있음. 시간이 많이 걸리지 않음.

해설

권력은 무상한 것이다. 언제 바뀔지 알 수 없는 것이 권력이다. 그러한 권력을 통해서 얻은 소득이 얼마나 오래 갈 수 있겠는가? 권력이 떠나감과 동시에 그러한 소득 또한 사라질 것이다. 그러나 도덕은 영원한 것이다. 도덕을 통해 얻은 명예는 만고에 변하지 않고 전해진다.

옛날 옛적에

임금의 총애를 받는 한 신하가 있었다. 그는 임금의 총애를 믿고 아무런 거리낌없이 제멋대로 행동했다.

언젠가 어머니가 병들자 임금만이 탈 수 있는 수레를 빌려 타고서 문병을 다녀왔다.

다른 신하들은 평소에 그의 무례함을 싫어하였으므로 이 사실을

임금에게 아뢰고 그를 벌하기를 청했다. 그러나 임금은 그를 문책하지 않았다.

"지극한 효성 때문에 그런 것이니 아름답지 않은가?"

또 언젠가 임금을 모시고 산책을 할 때였다.

그 신하는 복숭아가 먹음직스럽게 열린 것을 보고 하나를 따서 한 입을 베어먹었다. 그리고는 나머지를 임금에게 주면서 먹기를 권했다.

다른 신하들은 다시 그를 벌할 것을 강하게 청하였지만 임금은 여전히 그 신하를 편들었다.

"나를 얼마나 생각했으면 그렇게 했겠는가?"

세월이 흐르자 그 신하에 대한 총애는 날로 시들어 갔다. 하루는 임금이 그 신하를 벌하면서 말했다.

"지난날 너는 감히 내 수레를 몰래 탔고 네가 먹다가 만 복숭아를 내게 주었다. 이는 분명 나를 업신여겨서 그랬던 것이니, 이제는 용서하지 않겠다."

曲意而使人喜는 不若直躬而使人忌하며
곡 의 이 사 인 희   불 약 직 궁 이 사 인 기

無善而致人譽는 不若無惡而致人毁니라
무 선 이 치 인 예   불 약 무 악 이 치 인 훼

• 전집 112 •

자신의 뜻을 굽혀서 다른 사람을 기쁘게 하는 것은 몸
을 바르게 하여 다른 사람들이 미워하게 하는 것만 못
하며,
선한 점이 없으면서 다른 사람의 칭찬을 듣는 것은 악
한 점이 없으면서 다른 사람의 비방을 받는 것만 못
하다.

◎ 글자 풀이

喜(기쁠 희)   躬(몸 궁)   忌(미워할 기)   譽(칭찬할 예)
毁(비방할 훼)

◎ 단어 풀이

• 曲意(곡의) : 자신의 뜻을 굽힘.
• 直躬(직궁) : 몸을 꼿꼿이 함. 바른 도리를 지킴.

차라리 남에게 욕을 먹고 시기를 받더라도 떳떳하게 행동하는 것이 좋다. 다른 사람과의 사이가 멀어질까 염려하여 마음에도 없는 언행을 한다면 그것은 소인배들이 아첨하는 것과 다를 것이 없다.

해를 가리운 구름은 언젠가는 걷히게 마련이다. 나 자신이 떳떳하게 살아간다면 다른 사람의 시기나 비난도 오래 가지 못할 것이다.

옛날 옛적에

주 열(朱悅 ?~1287)은 고려 때 판도 판서(版圖判書)를 지낸 사람으로 그 성품이 강직하였다.

그가 언젠가 일이 있어서 재상이 집무를 보는 곳에 갔다가 재상의 이야기를 들을 일이 있었다. 이 때 그는 자리에 앉아서 듣고 있었는데, 재상이 아전에게 말하기를,

"재상이 말을 하면 아랫사람은 마땅히 땅에 엎드려서 들어야 하는 법이다."

하였다. 아전이 다가와 그 말을 전해 주니 주열이 말하기를,

"그렇다면 임금께서 말씀을 하실 때는 땅을 파고 들어가서 들어야 하겠군요."

하면서, 끝내 굴하지 않았다.

饑則附하며 飽則颺하며 燠則趨하며 寒則棄는
기 즉 부　　포 즉 양　　욱 즉 추　　한 즉 기

人情通患也니라
인 정 통 환 야

• 전집 143 •

굶주리면 달라붙고 배부르면 당당해지며, 따뜻하면
좇고 추우면 버리는 것은 인심의 일반적인 병통이다.

○ 글자 풀이

饑(굶주릴 기)　　附(붙을 부)　　飽(배부를 포)　　颺(나타날 양)

燠(따뜻할 욱)　　趨(달릴 추)　　寒(추울 한)　　棄(버릴 기)

患(근심 환)

○ 단어 풀이

• 附(부) : 의지함. 친밀히 함.

• 颺(양) : 몸이 펴짐. 당당한 모습이 됨.

• 趨(추) : 마음이 쏠림. 붙좇음.

옛날 옛적에

강 태공(姜太公)은 늙도록 초야에 묻혀서 지냈으므로 집안이 가난하였다.

그의 처 마씨는 그 가난을 견디다 못해 떠나가 버렸다. 훗날 강태공이 발탁되어 높은 벼슬에 오르게 되었는데, 마씨도 그 소식을 듣고 다시 돌아왔다.

"예전에는 가난을 견디지 못하여 떠났었습니다. 옛정을 생각하시어 다시 부인으로 받아 주시길 바랍니다."

듣고 있던 강태공은 곁에 있던 병을 거꾸로 들고 물을 바닥에 부었다.

"이 물을 다시 담을 수 있겠소? 우리가 다시 합치는 것은 엎질러진 물을 담는 것처럼 어려운 일이라오."

마씨는 부끄러워 머리를 숙였다.

寧爲小人所忌毁언정 毋爲小人所媚悅하며
영 위 소 인 소 기 훼   무 위 소 인 소 미 열

寧爲君子所責修언정 毋爲君子所包容하라
영 위 군 자 소 책 수   무 위 군 자 소 포 용

• 전집 192 •

차라리 소인들에게 꺼리는 사람이 될지언정 소인들이
아부하는 대상이 되지는 말며,
차라리 군자에게 질정을 받는 사람이 될지언정 군자가
포용하는 사람은 되지 말라.

글자 풀이

寧(차라리 녕)　　忌(꺼릴 기)　　毁(비방할 훼)　　媚(아첨할 미)
責(꾸짖을 책)　　修(닦을 수)　　包(안을 포)

단어 풀이

• 責修(책수) : 잘 되라고 충고하고 지적해 줌.
• 包容(포용) : 충고나 지적을 하지 않고 너그럽게 보아 줌.

사람은 어떤 경우에도 당당해야 한다. 그 행위가 옳지 못하다는 것을 알면서도 상대방의 권세나 모함을 의식해서 묵인하는 것은 스스로의 인격을 땅에 내버리는 비굴한 짓이다.

인격이 훌륭한 사람이 충고를 해 준다면 고맙게 받아들일 일이다. 그 사람이 늘 자기에게 부드럽게 대해 주기를 기대해서는 안 된다.

자신의 인격을 닦을 수 있는 좋은 기회이기 때문이다.

옛날 옛적에

조선 초기의 유자광(柳子光 ?~1512)은 탐욕스럽고 간교하여 그 기세가 조정을 휩쓸었다. 정붕(鄭鵬 1467~1512)은 그의 외가 쪽 친척이었는데, 친척으로서의 예의만 차릴 뿐 그에게 빌붙어 지내는 일은 일체 하지 않았다.

어느 날 정붕이 대궐에서 숙직을 서게 되었는데, 마침 집에 양식이 떨어졌다.

그의 부인이 유자광의 집에 사람을 보내어 양식을 꾸어 주기를 청하였다.

유자광은 기뻐하며 즉시 많은 양식을 보내 주었다.

이튿날 정붕이 대궐에서 돌아와 식사 때가 되었다.

"아니, 웬 쌀밥이오?"

부인은 망설이다 자초지종을 털어놓았다. 정붕은 상을 밀치면서 말했다.

"이 모두가 내가 생계를 위해 조치를 하지 않은 데서 비롯된 것이니, 부인에게 무슨 잘못이 있겠소. 그러나 내 어찌 의롭지 못한 쌀로 지은 밥을 먹을 수 있겠소?"

그는 즉시 빌려 온 만큼의 쌀을 마련하여 되돌려 주게 하였다.

趨炎附勢之禍는 甚慘亦甚速하며
추 염 부 세 지 화　심 참 역 심 속

棲恬守逸之味는 最淡亦最長이니라
서 염 수 일 지 미　최 담 역 최 장

• 후집 022 •

따뜻한 것을 좇거나 권세에 아부했을 때의 화는 매우
참혹하면서도 가장 빠르게 나타나며,
편안한 데 깃들고 고요함을 지키는 맛은 가장 담박하
면서도 가장 오래 가느니라.

◎ 글자 풀이

趨(달릴 추)　　炎(불꽃 염)　　附(붙을 부)　　勢(권세 세)
禍(재앙 화)　　甚(심할 심)　　慘(참혹할 참)　速(빠를 속)
棲(깃들 서)　　恬(고요할 염)　逸(편안할 일)　最(가장 최)
淡(묽을 담)

◎ 단어 풀이

• 趨炎(추염) : 좋은 환경을 추구함.

해설

두드러지거나 화려한 것은 오래 가지 못한다. 오래도록 변치 않고 유지되는 것은 대부분 평범하고 담백한 것들이다.

인생은 즐기면서 살아야 한다.

지나친 쾌락을 말하는 것이 아니라 자신을 돌아볼 수 있는 여유를 갖자는 것이다.

권세나 이욕을 좇느라 허겁지겁 나날을 보내다 보면 나 자신은 이미 인생이라는 수레의 한 바퀴일 뿐 그 주체는 아닌 것이다.

옛날 옛적에

아이들이 멀리 소풍을 가는 도중에 한 마을 앞을 지나게 되었다. 길가에 임자 없는 복숭아나무가 서 있었는데, 복숭아가 주렁주렁 달려 있었다.

그것을 본 아이들은 저마다 달려가서 복숭아를 따기 위해 서로 다투었다. 이 때 뒤에 남아서 물끄러미 쳐다보기만 하는 아이가 있었다.

선생님이 물었다.

"너는 어째서 달려가지 않니?"

"별로 맛이 없을 것 같아서요."
선생님이 어리둥절해하며 물었다.
"아니, 먹어 보지도 않고 어떻게 알지?"
아이는 그것도 모르냐는 듯이 의기양양해하며 대답했다.
"임자도 없는 나무가 길가에 서 있다면 거기에 달린 과일은 남아 나지 않을 겁니다. 그런데 저 나무에는 저렇게 많은 복숭아가 남아 있으니, 틀림없이 맛이 없어서이겠지요."

자연을 벗삼아
인생을 음미하라

서양의 어느 철학자는

인류에게 자연으로 돌아가라고 외쳤다.

인간은 스스로가 자연의 일부이면서도 자꾸만

그 자연의 품을 벗어나려고 하고 파괴하려고 한다.

급박한 문화 환경의 변화와 기계 문명의 삭막함 속에서

현대인들의 지친 몸을 쉴 수 있는 곳은

바로 어머니의 품과 같은 자연인데도 말이다.

花居盆內하면　終乏生機하며
화 거 분 내　　　종 핍 생 기

鳥入籠中하면　便滅天趣하나니
조 입 농 중　　　변 멸 천 취

不若山間花鳥가　錯集成文하며
불 약 산 간 화 조　　착 집 성 문

翶翔自若하여　自是悠然會心이니라
고 상 자 약　　　자 시 유 연 회 심

・ 후집 055 ・

꽃이 화분 속에 있으면 결국에는 생생한 기운이 부족
해지고 새가 새장 속에 들어 있으면 곧 자연스런 운치
가 없어진다. 이는 산 속의 꽃이 서로 어울려 아름다
운 무늬를 이루고 새가 자유로이 날아다녀 저절로 마
음에 맞는 것만 못한 것이다.

◎ 글자 풀이

盆(동이 분)　乏(부족할 핍)　籠(새장 롱)　滅(멸할 멸)
趣(풍취 취)　錯(어긋날 착)　翶(날 고)　翔(날 상)
悠(한가할 유)

◎ 단어 풀이

・ 生機(생기) : 싱싱하고 힘찬 기운. 생기(生氣).
・ 錯集(착집) : 어우러져 모여 있음.
・ 翶翔(고상) : 빙빙 돌면서 낢.
・ 悠然(유연) : 근심이 없이 한가로운 모양.
・ 會心(회심) : 마음에 흡족함.

해석

비바람 속에서 살아도 꽃은 자연에 있을 때가 더 생생하다. 새들도 숲 속에서 서로 어울려 노래하는 소리가 새장 속의 새소리보다 아름답게 느껴진다. 자연은 인간만을 위해 존재하지 않는다. 자신의 눈이나 귀를 즐겁게 하기 위하여 인위적으로 그 자연의 일부를 취하려고 해서는 안 된다.

만물은 자연 그대로의 모습일 때 가장 아름다운 것이며, 인위적인 아름다움은 영원할 수 없기 때문이다.

옛날 옛적에

조 선조 때 어떤 재상이 일본에 사신으로 가게 되어 서방사(西方寺)라는 절에 들렀다.

그 절의 한 노승이 사미를 시켜 바다 소라 하나를 가져오게 하였다. 소라 등에 용이 도사린 것 같은 것이 겹겹이 붙어 있었는데, 자세히 보니 창포뿌리였다.

재상이 매우 기이하게 여겨 농담으로,

"이 기이한 보배를 내게 주실 수 있을런지요."

하니, 노승이 사미에게 도로 제자리에 갖다 놓게 하면서 말하였다.

"이것은 수백 년 동안 자연 속에서 쌓이고 쌓여서 이루어진 것입니다. 신령한 물건이니 아마 속세로 나가면 말라서 죽을 것입니다."

林間松韻과 石上泉聲을 靜裡聽來하면
임 간 송 운　　석 상 천 성　　정 리 청 래

識天地自然鳴佩하며
식 천 지 자 연 명 패

草際烟光과 水心雲影을 閒中觀去하면
초 제 연 광　　수 심 운 영　　한 중 관 거

見乾坤最上文章이니라
견 건 곤 최 상 문 장

• 전집 059 •

숲 속에서 들리는 솔바람 소리나 돌 위로 흐르는 샘물
소리를 고요한 가운데서 듣노라면 천지의 자연스런 음
악임을 알게 될 것이요,
수풀 사이에 낀 안개와 물 속에 비친 구름을 한가한
중에 바라보노라면 건곤의 가장 뛰어난 그림임을 알게
될 것이다.

◎ 글자 풀이

韻(소리 운)　　泉(샘 천)　　靜(고요할 정)　　裡(속 리)
聽(들을 청)　　鳴(울 명)　　佩(찰 패)　　際(사이 제)
烟(연기 연)　　影(그림자 영)　乾(하늘 건)　　坤(땅 곤)

◎ 단어 풀이

* 松韻(송운) : 솔바람 소리.
* 鳴佩(명패) : 허리에 차고 다니던 장신구로서 걸을 때마다 듣기 좋은 소리가 남. 여기서는 음악을 가리킴.
* 烟光(연광) : 안개.
* 見(견) : 보게 됨. 알게 된다는 뜻.
* 文章(문장) : 색채. 무늬.

해설

아무리 아름다운 것도 자신의 마음이 받아들일 준비가 되어 있지 않으면 소용이 없다. 바쁜 일상 속에서 한 순간만이라도 자신의 마음을 비우고 한가롭게 주위를 둘러 보라. 내가 잡고자 했던 아름다운 무지개가 내 앞에 나타나게 될 것이다.

옛날 옛적에

문헌공(文憲公) 최충(崔冲 984~1068)은 고려 초기의 학자이자 문신으로 해동공자(海東孔子)로 추앙받았다.

그는 어느 달 밝은 밤에 잠 못 이루고 뜰을 거닐다 한 수의 시를 읊었다.

뜰 안 가득 달빛은 연기 없는 촛불이요
자리에 비친 산색(山色)은 기약 없던 손님일세.
거기다 소나무는 악보 없는 가락을 연주하니
그저 소중히 즐길 뿐 남에게 전할 순 없네.

滿庭月色無煙燭　入坐山光不速賓
更有松絃彈譜外　只堪珍重未傳人

　마음이 자연과 일체가 되면 저 달빛도 나의 촛불이 될 수 있고 산
색도 나의 벗이 될 수 있다.
　사시사철 푸르게 서 있는 소나무는 바람이 불면 어느 새 거문고
같은 악기가 되어 악보도 없는 곡을 연주한다. 언제나 그 자리에 있
었던 것들인데 마음 한 곳을 열어 놓은 지금에서야 내 마음 속으로
들어온 것이다.

當雪夜月天하면 心境便爾澄徹하고
당 설 야 월 천　　심 경 변 이 징 철

遇春風和氣하면 意界亦自冲融하나니
우 춘 풍 화 기　　의 계 역 자 충 융

造化人心이 混合無間이니라
조 화 인 심　　혼 합 무 간

• 후집 092 •

눈 내리는 밤에 달 밝은 하늘을 대하게 되면 마음이
문득 그처럼 맑아지고 봄바람의 온화한 기운을 접하게
되면 뜻이 또한 저절로 부드러워진다. 천지의 조화와
사람의 마음이 한데 어울려 조금의 틈도 없게 되는 것
이다.

○ 글자 풀이

境(지경 경)　　爾(어조사 이)　　澄(맑을 징)　　徹(뚫을 철)
遇(만날 우)　　冲(화할 충)　　融(녹일 융)　　造(만들 조)
混(섞일 혼)

○ 단어 풀이

· 便爾(변이) : 문득 그렇게.
· 澄徹(징철) : 맑고 투명함.

- 沖融(충융) : 부드럽게 녹음.
- 造化(조화) : 자연.
- 無間(무간) : 간격이 없음.

해설

눈 위로 밝게 비치는 달빛을 보면 누구나 마음이 움직이게 된다. 봄바람이 따뜻하게 불어와 만물이 생동하게 되면 비록 마음이 악한 사람이라도 저절로 너그러워진다. 인간이 아무리 자연을 등지고 살아간다고 해도 그 본성은 자연의 기운 속에서 벗어나지 않고 있는 것이다.

옛날 옛적에

"9월 12일 밤에 나는 다산(茶山)의 동암(東庵)에 있었다. 올려다보니 적막한 하늘에는 조각달만 외로이 밝다. 별은 여덟 아홉밖에 남아 있지 않고 뜰 안 연못엔 수초가 살랑살랑 흔들리고 있다. 옷을 걸치고 일어나 거닐면서 동자에게 퉁소를 불게 하니 그 음향이 구름 밖까지 뚫고 나가는 듯하다. 이쯤 되자 속세의 찌든 속이 모두 씻겨 버리게 되니, 참으로 인간 세상의 광경이 아니었다."

조선조의 위대한 학자 중의 하나인 다산(茶山) 정약용(丁若鏞 1762~1836)이 강진에서 유배 생활을 하면서 남긴 글이다.

인물

정약용 : 조선 후기의 대학자. 자는 미용(美鏞). 호는 다산(茶山). 당호는 여유당(與猶堂). 시호는 문도(文度). 본관은 나주(羅州). 문장과 경학에 뛰어났으며 정치, 경제는 물론 천문, 지리에 이르기까지 통달하지 않은 것이 없었다. 그의 학문은 조선의 학문을 집대성 하였다고 평가받고 있다. 저서에 《여유당전서(與猶堂全書)》가 있 다.

雨餘_에 觀山色_{하면} 景象_이 便覺新妍_{하며}
우 여   관 산 색   경 상   변 각 신 연

夜靜_에 聽鐘聲_{하면} 音響_이 尤爲淸越_{하니라}
야 정   청 종 성   음 향   우 위 청 월

• 후집 112 •

비가 온 뒤에 산 빛을 바라보면 경치가 새롭고 곱게
느껴지며
고요한 밤중에 종소리를 들으면 그 소리가 더욱 맑고
뛰어나다.

◎ 글자 풀이

餘(남을 여)   景(볕 경)   象(형상 상)   覺(깨달을 각)
妍(고울 연)   靜(고요할 정)   鐘(쇠북 종)   響(소리 향)
越(뛰어날 월)

◎ 단어 풀이

• 雨餘(우여) : 비가 온 뒤에.
• 新妍(신연) : 새롭고 아름다움.
• 淸越(청월) : 맑고 뛰어남.

옛날 옛적에

한 말의 학자이자 애국지사인 매천(梅泉) 황현(黃玹 1855~1910)
이 압록강으로 가는 도중에 시를 지었다.

봄바람 살살 부니 나귀는 더욱 빨라지고
봄비 한번 내린 뒤로 새들 모두 어여쁘다

微有天風驢更快　一經春雨鳥皆妍

　봄비가 내린 뒤에 느낀 감흥을 잘 표현한 시구이다. 그러나 이 시
는 한 글자를 고침으로써 격조가 더욱 높아졌다.

당시의 유명한 문인이었던 김택영(金澤榮 1850~1927)과 이건창 (李建昌 1852~1898)은 이 시를 보고 뒷구의 '모두(皆)'라는 말을 '더욱(增)'이라는 말로 바꾸게 했다.

봄비는 만물에 생동감을 불어넣는다. 물이 올라 부쩍 자란 듯한 나무들과 비에 씻겨 더욱 고와진 새들을 보면서 봄날의 감흥은 한 층 고조되기 마련이다.

'더욱'이라는 말은 봄비가 내린 뒤의 감정적 변화를 한층 실감나 게 표현하는 말이었던 것이다.

登高하면 使人心曠하며 臨流하면 使人意遠하며
등 고　　　　사 인 심 광　　　임 류　　　　사 인 의 원

讀書於雨雪之夜하면 使人神淸하며
독 서 어 우 설 지 야　　　사 인 신 청

舒嘯於丘阜之嶺하면　使人興邁하느니라
서 소 어 구 부 지 령　　　　사 인 흥 매

• 후집 113 •

높은 곳에 오르면 마음이 넓어지고 흐르는 물을 보면
뜻이 심원해진다. 비나 눈이 내리는 날 밤에 글을 읽
으면 정신이 맑아지고 언덕 마루에서 휘파람을 불면
흥취가 깊어진다.

○ 글자 풀이

登(오를 등)　　　曠(빌 광)　　　臨(임할 림)　　　舒(펼 서)
嘯(휘파람 소)　　丘(언덕 구)　　阜(언덕 부)　　　興(흥취 흥)
邁(멀리 갈 매)

○ 단어 풀이

• 心曠(심광) : 마음이 확 트임.
• 舒嘯(서소) : 휘파람을 붊.
• 丘阜(구부) : 언덕. 자그마한 산.
• 興邁(흥매) : 흥취가 깊어짐.

옛날 옛적에

조 선조 숙종 때의 명창이었던 김유기(金裕器)의 시조이다.

태산(泰山)에 올라안자 사해(四海)를 구버보니
천지사방(天地四方)이 훤츨도 한져이고
장부(丈夫)의 호연지기(浩然之氣)를 오날이야 알괘라

호연지기는 천지간에 가득한 크고 넓은 정기(正氣)로서 도의(道義)가 바탕이 되어야 하는 공명정대한 마음이다.

태산에 올라앉아 사해를 내려다보노라니 가슴이 확 트이면서 대장부의 호연지기라는 것이 바로 이런 것이라는 것을 느낄 수 있었던 것이다.

고사로 풀이한 **채근담**

2013년 1월 10일 7쇄 박음
2013년 1월 25일 7쇄 펴냄

엮 은 이 / 권경열
그 린 이 / 최달수
펴 낸 이 / 양철우
펴 낸 곳 / **㈜교학사**
　　　　　서울특별시 마포구 공덕동 105 · 67
전　　　화 / 영업 02_7075_155 ｜ 편집 02_7075_333
등　　　록 / 1962. 6. 26 (18 · 7)

편 집 책 임 / 조선희
편 집 교 정 / 박승희 · 이효정

정 가 / 10,000원